Heike Kahnert

Hoffnung
unterm Regenbogen

Eine wahre Geschichte

aufgeschrieben von

Sabine Roß

Impressum:

Autoren: Heike Kahnert und Sabine Roß
Umschlaggestaltung: Elisabeth Hütter
Satz/Layout: Georg Honold
Druck: Memminger MedienCentrum AG

© Heike Kahnert
1. Auflage 2023
ISBN 978-3-00-076711-1

Die bei ihrer ersten Erwähnung mit * gekennzeichneten
Namen wurden auf Wunsch der betreffenden Personen geändert.
Im unpaginierten Bildteil in der Buchmitte sind Bilder
und Fotos aus unserer gemeinsamen Zeit dargestellt.

Inhaltsverzeichnis

„Alles, was auf der Erde geschieht,

hat seine von Gott bestimmte Zeit:

Geboren werden und sterben, …

weinen und lachen,

wehklagen und tanzen,

… sich umarmen und

sich aus der Umarmung lösen,

finden und verlieren,

… schweigen und reden …"

Aus Prediger 3, Verse 1–8
„Die gute Nachricht"
Rev. Fassung 1997 der „Bibel in heutigem Deutsch"

Prolog

24. Oktober 2018

Heute Vormittag war der Klavierstimmer da, um endlich einmal das Klavier unseres jüngsten Sohnes zu stimmen. Es steht bei uns im Schlafzimmer, weil es in unserem Reihenmittelhäuschen einfach keinen anderen Platz dafür gibt. Weil der Name des Klavierstimmers mich an jemanden erinnerte, fragte ich ihn, ob er zufällig mit dem Orthopäden gleichen Namens verwandt sei. „Ja", sagte er, „das ist mein Bruder." Sofort fühlte ich mich zurückversetzt an einen Tag im März 2008, den Tag, an dem alles begann.

Schon seit Monaten hatte mein Mann Tom Schmerzen im Rücken. Wir führten das darauf zurück, dass er aus beruflichen Gründen völlig ausgelaugt war. Aber er bekam auch oft schlecht Luft. Manchmal waren die Schmerzen so stark, dass Tom die ganze Nacht nicht schlafen konnte. Wie ein aufgescheuchtes Tier lief er durch die Wohnung. Ab und zu hängte er sich an den Türrahmen, weil es sich so anfühlte, als wäre ein Nerv eingeklemmt.

Eines Morgens sagte ich: „Jetzt ist Schluss! Ich mache jetzt einen Termin beim Orthopäden, das muss endlich mal abgeklärt werden." Am 14. März war der Termin. Der Orthopäde röntgte Toms Wirbelsäule und ich vermute, dass er damals schon eine Ahnung hatte, was das war, was er da sah. Doch er sagte nur, er könne orthopädisch keine Ursachen für diese starken Schmerzen feststellen, Tom solle das doch bitte mal vom Kardiologen oder Pulmologen abklären lassen. So kam es zum Termin beim Lungenfacharzt.

Wir konnten ja nicht ahnen, dass hunderte weitere Arztbesuche vor uns liegen würden und neuneinhalb Jahre des Hoffens und

Bangens, voller Zweifel und Vertrauen, voller Liebe und Schmerz. Toms Krankheit war es, die ihm half, den Glauben an Gott zu finden, und der Glaube an Gott half uns, sein Schicksal nicht kampflos zu ertragen und doch in Frieden anzunehmen.

Während der Klavierstimmer heute Morgen Taste für Taste die Töne stimmte, dachte ich daran, welch ein Segen es im letzten Jahr von Toms Krankheit gewesen war, dass das Klavier in unserem Schlafzimmer stand: Weil Tom so schlecht beieinander war, dass er tagelang nur im Bett liegen konnte, kamen oft Menschen zu uns, die für ihn Musik machten. Ganze Konzerte fanden in unserem Schlafzimmer statt. Vor allem in den letzten Wochen war es, als wäre durch unseren Lobgesang der Himmel schon ein Stück weit offen.

Mit dem Termin beim Orthopäden fing alles an, und als sein Bruder, der Klavierstimmer, heute mit seiner Arbeit fertig war, konnte ich noch einmal eintauchen in den durch die Erinnerung ausgelösten Schmerz.

Und jetzt geht es mir richtig gut! Ich sprühe vor Energie und Lebenskraft. Es werden wohl noch andere Momente kommen, Zeiten der Trauer und des Schmerzes.

Aber heute spüre ich das Leben in mir und ich bin sehr froh und dankbar für diese Gelegenheit ein stückweit seelische Heilung erlangt zu haben. Ja, alles hat seine Zeit! Auch, wenn ich nicht wissen kann, was das Leben mir noch bringen wird, vertraue ich auf Gottes Plan.

1. Die Liebe meines Lebens

Tommi

Das Jahr 1985 hatte damit begonnen, dass ich mit meinem Freund Schluss machte, weil ich mich so eingeengt fühlte und mit meinen knapp 19 Jahren eine unbändige Sehnsucht hatte, endlich zu leben. Zum Beispiel endlich mal in die Disco zu gehen! Gleich nachdem ich ihm den Laufpass gegeben hatte, ging ich auf einen Faschingsball und blieb bis morgens in die Puppen.

Es folgten die zehn wildesten Monate meines Lebens! Ständig war ich unterwegs, obwohl ich mich im ersten Jahr meiner Ausbildung zur Arzthelferin befand und zwei Tage in der Woche Berufsschule hatte, aber die interessierte mich recht wenig. Oft kam ich erst morgens um vier Uhr ins Bett, schlief zwei bis drei Stunden, ging dann in die Berufsschule und verbrachte den Unterricht schlafend. Den Lehrern war das offenbar egal.

Mit einer mir gar nicht näher bekannten jungen Frau, die ähnlich drauf war wie ich, verbrachte ich meinen allerersten Urlaub: Mit dem Nachtzug nach Rom und dann zehn Tage Halligalli! Doch das alles machte mich nicht wirklich glücklich, letztendlich ging es doch immer nur um Partys und Alkohol.

Weil ich schon ein Auto hatte, einen kleinen roten Audi, den ich mir nach dem Tod meines Großvaters von den geerbten 5.000 Mark gekauft hatte, machte ich dann den Fahrdienst für betrunkene Typen und kam mir irgendwie ausgenutzt vor. Im Sommer und Herbst genoss ich meine Freiheit und war viel unterwegs. Ich hatte ein tolles Leben und doch auch viel Liebeskummer.

Dann kam der 22. November 1985 – es war ein eisiger Wintertag mit ziemlich viel Schnee. An diesem Freitagabend war ich mit meinen Freundinnen mal wieder „auf Tour". So ungefähr gegen 23 Uhr landeten wir in der Disco Memminger Mau. Es war nicht gerade viel los, aber meine Freundin entdeckte an der Bar gleich jemanden, den sie kannte, ging auf ihn zu und sprach ihn an. Wir beiden anderen standen etwas hinter ihr und hörten zu, wie sie mit dem Mann an der Bar redete.

Als ich ihn ansah, ging es mir wie in so einem kitschigen Rosamunde-Pilcher-Film: Ich sehe ihn und „Booom", mich trifft der Blitz! Gespannt versuchte ich aus der Entfernung zu verstehen, was sie redeten und hörte noch, wie er sagte, er würde nachher mal im Club 20 vorbeischauen, vielleicht wäre da mehr los. Wir gingen dann auch, um einen Bekannten von einer Weihnachtsfeier abzuholen, dieses Mal war ich nur Beifahrerin.

Während wir über die spiegelglatten Straßen schlitterten, waren meine Gedanken bei dem Mann an der Bar. Ich musste es wissen: „Wer war das?", fragte ich meine Freundin. „Ach, der heißt Thomas, er war mal bei mir in der Klasse in der Wirtschaftsschule." „Das ist ein Mann! Den will ich mal heiraten!", verkündete ich fest entschlossen. Wie ferngesteuert saß ich im Auto und bekam kaum was mit. Schließlich war es nach Mitternacht, als die zwei Mädels weiter auf Tour gehen wollten. Ich wollte aber schnell nach Hause und gab vor, zu müde zu sein.

Ich also heim, Haustüre aufgesperrt, ins Bad, mich umgezogen, etwas aufgebrezelt, mein Auto geschnappt und zum Club 20 gefahren. Suchend schaute ich mich um. Und tatsächlich: Der Mann, der wie ein Blitz bei mir eingeschlagen hatte, saß da seelenruhig an der Bar. Allein!

Ich schlenderte heran und sagte mit geheuchelter Überraschung: „Hi, haben wir uns nicht gerade vor zwei Stunden im Memminger Mau gesehen? Meine Freundin hatte dich angesprochen." Natürlich hatte er mich gar nicht registriert, aber jetzt kamen wir ins Gespräch. Er saß auf dem Barhocker in diesem dunklen und ziemlich abgewrackten Club, und ich musste ihm ganz schön auf die Pelle rücken, damit wir uns bei der lauten Musik einigermaßen unterhalten konnten.

In kürzester Zeit spürte ich zwischen uns eine Vertrautheit, als ob wir uns schon ewig kennen würden. Auch wenn er nicht mehr so ganz nüchtern war, konnten wir uns von Anfang an sehr tiefgründig und persönlich unterhalten.

So gegen drei oder halb vier sagte er, er sei jetzt doch ziemlich müde, er müsse allmählich schauen, wie er heimkäme. Da ich wie immer keinen Alkohol getrunken hatte, weil ich mich schon nach einem halben Glas Sekt sternhagelblau fühle, bot ich ihm an, ihn heimzufahren. So kam es, dass wir kurz darauf noch eine Stunde lang vor seinem Elternhaus im Auto saßen und redeten. Einfach nur redeten. Schließlich wurde es uns doch zu ungemütlich in dieser eiskalten Nacht und wir verabredeten, dass er mich am nächsten Tag um 13 Uhr anrufen würde. Ich gab ihm meine Telefonnummer und fuhr nach Hause, wo ich total erschöpft gleich ins Bett fiel.

Am nächsten Morgen war ich ganz schön aufgeregt und schaute ständig auf die Uhr. „Ruft er an oder ruft er nicht an? Er war ja schon ein bisschen angetrunken und hat das bestimmt gar nicht mehr realisiert…".

Um Punkt eins klingelte das Telefon! Sofort war ich wieder wie elektrisiert. Thomas! Er war es tatsächlich! Er sei abends auf einer Party eingeladen, ob ich mitkommen wolle. Unter der Bedingung, dass meine Freundin auch mitkommen dürfe, weil ich mich allein nicht traute, sagte ich zu.

Mit dieser Party begann eine wunderschöne Zeit. Ich hatte mich ja gleich bei unserer ersten Begegnung in diesen Thomas verliebt und gemerkt: „Dieser Mann ist anders als jeder, den ich bisher kennengelernt habe." Bei Tommi, wie ich ihn ab sofort nannte, war es an diesem Abend die Liebe auf den zweiten Blick. Wir wurden ein Paar und ich war mir ganz sicher: „Den will ich mal heiraten, mit dem will ich Kinder bekommen und mit dem will ich alt werden!"

Hochzeit mit Hindernissen

Der 9.11.1991 war ein trüber Novembertag. Tieftraurig, enttäuscht und verletzt ging ich am Memminger Waldfriedhof spazieren. In diesem Moment fand die standesamtliche Trauung von Tommis drei Geschwistern statt – und ich war nicht dabei. Wie gerne wäre ich selbst heute eine strahlende Braut gewesen! Doch Tommi hatte sich durch die Heirat seiner Geschwister nicht zu unserer Hochzeit drängen lassen wollen. Nur als Gast wollte und konnte ich diese Zeremonie auch nicht miterleben, also blieb ich daheim. Es war ein schrecklicher Tag für mich.

Weil ich meine Enttäuschung, dass Tommi mich nicht heiraten wollte, kaum verbergen konnte, wurde unsere Beziehung auf eine harte Probe gestellt. In dieser Zeit versuchte er für sich herauszufinden, was ihm wichtig war, was er wirklich wollte. Und da Tommi sich mittlerweile im Klaren darüber war, dass er mich liebte, und dass er sein Leben mit mir verbringen wollte, bekam ich zwar nicht den ersehnten romantischen Heiratsantrag, aber wir reservierten schon einmal Kirche, Lokal und Band für einen Termin im September 1992.

Meinen Eltern erzählten wir an einem Samstag im Januar von unseren Hochzeitsplänen. Sie freuten sich sehr. Meine Mutter war überglücklich und sah sich schon als strahlende Brautmutter. Am Sonntag waren wir dann bei Tommis Eltern zum Mittagessen eingeladen. Auch ihnen erzählten wir von unseren Heiratsplänen und teilten ihnen das Datum mit. Sie reagierten leider nicht begeistert und erklärten uns die Gründe dafür.

Tommi war sehr enttäuscht und verstört. Er fühlte sich zwischen zwei Stühlen sitzend und wusste überhaupt nicht, was er machen sollte. Fix und fertig saßen wir in München auf unserer grünen Couch und unsere ganze Freude, unsere Hochzeit zu planen, war dahin. Zum ersten Mal seit ich ihn kannte, sah ich Tommi weinen. Er wusste einfach nicht, was er machen sollte.

Schließlich gab mein Verstand mir die Kraft, ihn in den Arm zu nehmen und zu sagen: „Lass uns die Hochzeit absagen. Auf so einer Basis können wir unsere Ehe nicht beginnen, das geht einfach nicht!"

Also sagten wir alles ab, was wir schon geplant hatten. Es war furchtbar traurig! Ich wollte doch so gerne heiraten und hatte mich schon in einem romantischen Brautkleid als strahlende Braut gesehen. Nun war ich 25 und all meine Träume schienen zerplatzt zu sein.

Um uns von unserem Kummer abzulenken, stürzten wir uns in die Planung einer dreiwöchigen Reise mit Freunden durch den Süden Amerikas.

Als klar wurde, dass wir auch zwei Tage in Las Vegas verbringen würden, reifte in Tommi ein Plan: „Hey, wie wäre es, wenn wir in Las Vegas heiraten! Nur wir zwei, ganz für uns." Wir erkundigten uns schon mal im Voraus und es schien tatsächlich möglich zu sein. So ließen wir erstmal einfach alles auf uns zukommen.

Was dann kam, war wie im Märchen: Als wir am 17. Juni in Las Vegas ankamen, war das Erste, was wir sahen, ein Werbeschild am Stadtrand: Marriage Bureau. Ohne unseren Freunden etwas davon zu sagen, fuhren wir am Abend noch einmal heimlich zurück zu diesem Hochzeitsbüro und konnten dort tatsächlich gleich für den nächsten Tag unsere Traumhochzeit buchen.

Es ist der 18. Juni 1992. Nach einem Friseurbesuch trage ich nun ein zartrosafarbenes Hochzeitskleid mit Schleppe. Das sieht wunderschön aus! Tommi hat sich in der Ausleihe für spontane Brautleute einen grauen Frack ausgesucht. Mein Blumenstrauß kommt direkt aus dem Kühlhaus. Das ist so was von verrückt: In Las Vegas hat es mehr als 40°, aber ich halte einen frischen Blumenstrauß in der Hand! In einer Traumlimousine wie aus dem Film „Pretty Women" werden wir abgeholt und zum Büro gefahren, wo wir das Marriage Certificate unterschreiben.

Für die Hochzeitszeremonie haben wir uns eine wunderschöne Kapelle ausgesucht. In The Little Chapel of the Flowers sagen wir am Abend des 18. Juni im Sonnenuntergang zueinander: „Ja!". Eine Friedensrichterin hält eine Rede. Weil ich so aufgeregt bin und mein Englisch so schlecht ist, verstehe ich zwar kaum ein Wort, sage aber immer ganz brav: „Yes, I will", oder „Yes, I do." Und dann kann ich es kaum glauben: Wir sind verheiratet! Ich habe diesen Traummann geheiratet und dies war bestimmt der schönste Tag meines Lebens!

Als wir am nächsten Tag meine Eltern anriefen und ihnen sagten, dass wir nun verheiratet seien, waren sie total aus dem Häuschen. Natürlich hatten wir Fotos gemacht und ein Video gedreht, aber damals konnte man dies nicht wie heute im Handumdrehen verschicken. Meine Schwester, meine Freundinnen – alle freuten sich so mit uns. Verliebt und glücklich verbrachten wir als jungverheiratetes Paar wunderschöne Tage in Amerika.

Nur fünf Tage später wurde unser Glück buchstäblich erschüttert: Um fünf Uhr morgens wachte ich auf, weil unser Bett so komisch wackelte. In unserem Motel gab es spezielle Betten, damit die müden Touristen ihren Rücken massieren konnten. Am Bettrand konnte man einen Dollar einwerfen, woraufhin das Bett dann ordentlich rüttelte.

„Wieso schaltet Tommi morgens um fünf die Rüttelautomatik ein?", fragte ich mich. Dann erst wurde mir bewusst, dass es nicht das Bett war, das wackelte! Alles wackelte. Die Wände, die Lampe, einfach alles. Panisch weckte ich Tommi, der sofort realisierte: „Das ist ein Erdbeben!"

Eng umschlungen kauerten wir unter dem Türrahmen, weil das wohl der sicherste Ort war. Ich hatte schreckliche Panik und zum ersten Mal eine Ahnung davon, wie es sich anfühlt, Angst vor dem Sterben zu haben, Angst vor dem Tod.

Vor meinem geistigen Auge sah ich mich schon nach fünf Tagen Ehe als Witwe. Doch der Spuk war schnell vorbei und bald kehrten wir glücklich und heil von unserer Hochzeitsreise zurück.

Anmerkung: Eine Heirat in Las Vegas ist in Deutschland nur dann gültig, wenn ein staatlich geprüfter Dolmetscher die Heiratsurkunde übersetzt. Am Standesamt des aktuellen Wohnsitzes wird die Eheschließung dann ins Register eingetragen. Die Änderung des Familiennamens muss separat beantragt werden.

Wir werden eine Familie

Nach unserer Traumhochzeit in Las Vegas begannen wir mit der Planung unserer kirchlichen Hochzeit. Am 6. März 1993 war es dann so weit: Tommi und ich heirateten in der Frauenkirche in Memmingen. Vor lauter Aufregung bekam ich von der Trauansprache kaum etwas mit. Erst im Nachhinein bemerkten wir durch das Anschauen unseres Hochzeitsvideos, dass der Pfarrer mitten in seiner Ansprache ein Gebet gesprochen hatte: „Vater ich bitte dich, dass einer den anderen zum Glauben führen wird." Damals konnten wir mit dem Satz gar nicht viel anfangen und ahnten nicht, dass es später genau so kommen würde. Im Anschluss an die kirchliche Trauung feierten wir mit knapp 180 Gästen ein wunderschönes, rauschendes Fest.

Zu dieser Zeit arbeitete ich noch in München in der Kassenärztlichen Vereinigung Oberbayern, fühlte mich aber nicht mehr wohl in meinem Job. Viel lieber wollte ich wieder in einer Arztpraxis arbeiten. Tatsächlich fand ich zum 1. Januar 1994 eine Anstellung in Fürstenfeldbruck. Unsere Wohnung in München war sehr klein und da wir irgendwann auch mal Eltern werden wollten, suchten wir ein geräumigeres Zuhause vor Ort. Schließlich mieteten wir eine sehr schöne 3-Zimmer-Wohnung mit kleinem Garten.

Weil man ja immer hört, dass das mit dem Schwangerwerden ein bis zwei Jahre dauern könne, wenn man lange die Pille genommen habe, setzte ich die im November schon mal ab.

An Silvester erhielt ich einen Schwangerschaftstest mit positivem Ergebnis. Einerseits freuten wir uns sehr darüber, andererseits war ich doch etwas schockiert: Beim Einstellungsgespräch hatte mich mein zukünftiger Chef nach meinen Kinderwünschen gefragt. „Irgendwann ja", war meine ehrliche Antwort, worauf er so ungefähr sagte: „Die nächsten zwei Jahre bitte nicht!" Er hatte seine Praxis ganz neu aufgemacht und wollte mich wegen meiner Erfahrungen mit Abrechnungen bei der Kassenärztlichen Vereinigung als Erstkraft engagieren. Und jetzt musste ich ihm an meinem ersten Arbeitstag sagen, dass ich schwanger war!

Zum Glück hatte mein Chef aber von Anfang an ganz viel Verständnis für mich. Er hatte selbst zu der Zeit einen kleinen Sohn und erwartete sein zweites Kind. Es war ein tolles Arbeiten in dieser Praxis.

Im August 1994 wurde unser Michael geboren. Er war ein sehr braves, zufriedenes Kind. Als er vier Monate alt war, arbeitete ich wieder einen Tag in der Woche. Dafür hatte ich mir eine Art Leihmutter auf Gegenseitigkeit gesucht. Jeweils einen Tag in der Woche hüteten wir das Kind der anderen. Tommi und ich wollten auch schon bald ein zweites Kind bekommen und wieder klappte es auf Anhieb, ich wurde schwanger.

Im April 1996 erblickte unser Philipp das Licht der Welt. Wir freuten uns sehr, doch die nächsten Monate wurden sehr anstrengend. Philipp war ein sehr unruhiges Kind, er wachte oft zehn bis zwölf Mal in einer Nacht auf. Damals hieß es, jedes Kind kann schlafen lernen und man solle es bloß nicht mit ins Elternbett nehmen. Also stand ich jedes Mal auf, wenn er schrie, anstatt ihn zu mir ins Bett zu holen. Nach einem halben Jahr war ich komplett am Ende.

Mittlerweile hatte Tommi bei der Deutschen Bank die Abteilung gewechselt, von der Revision in die Organisation, dadurch hatte er so viel Arbeit, dass er die Kinder oft gar nicht mehr sah, wenn er am Abend nach Hause kam. Wie oft wünschte ich mir: „Komm heute bitte mal so zeitig nach Hause, dass du mir helfen kannst die Kinder ins Bett zu bringen oder sie mir mal abzunehmen!" Doch meistens war ich mit allen Aufgaben allein und nervlich ziemlich erschöpft.

Schließlich kaufte ich mir ein Auto, weil ich dachte, dadurch etwas flexibler zu sein, etwas mehr Freiheit zu gewinnen. Zu der Zeit arbeitete ich nicht mehr, und mit dem Auto hätte ich die Möglichkeit, dem ganzen Stress zu entrinnen und ab und zu mit den Kindern zu Oma und Opa nach Memmingen zu fahren.

An einem Freitag wurde mein Fiat Panda zugelassen, und weil Tommi eine ganze Woche auf einem Seminar in Frankfurt war, verbrachte ich ein erstes Wochenende mit den Kindern bei meinen Eltern.

Am Montag fuhr ich zurück nach Fürstenfeldbruck, doch da passierte es: Ich übersah ein Stopp-Schild und fuhr mit dem Fiat auf einen LKW auf. Weil der Gurt am Beifahrersitz nicht hielt, schleuderte es den Baby-Safe mit Philipp gegen die Windschutzscheibe. Michi saß hinten in seinem Kindersitz, doch außer, dass ich ein heftiges Schleudertrauma hatte, war uns Dreien nichts passiert. Wir müssen mehrere Schutzengel gehabt haben! Nur mein Auto hatte einen Totalschaden und der Traum von Eigenständigkeit war erstmal ausgeträumt.

Bald darauf überraschte Tommi mich mit einer tollen Idee: Weil er so viel arbeitete und die Kinder unter der Woche so gut wie nicht sah, hätte ich es doch viel einfacher, wenn wir in Memmingen wohnen würden, mit Oma und Opa und meiner Schwester in der Nähe.

Diese Idee gefiel mir natürlich sehr gut! Wir wollten bauen und hatten auch schon ein Grundstück gefunden, was dann aber wegen Problemen mit der Finanzierung nicht klappte. Da lasen wir in der Memminger Zeitung die Anzeige: „Reihenmittelhaus Nähe Hallenbad zu vermieten." Ich rief da gleich mal an und erfuhr, dass es sich wie vermutet um ein Haus in unmittelbarer Nachbarschaft meiner Eltern und meiner Schwester handelte. „Da will ich hin! Egal wie!" Eigentlich fand ich dieses Haus schrecklich und es war alles andere als mein Traumhaus. Aber das war mir egal, die Nähe zu meiner Familie war mir wichtiger, und so unterschrieben wir den Mietvertrag und zogen im Mai 1997 nach Memmingen.

Von da an führten wir eine Wochenendehe. Tommi hatte ein Zimmer in München, später dann eins in Stuttgart. Er kam nur ab und zu auch mal an einem Dienstag- oder Mittwochabend nach Hause. Ich bezeichnete mich damals als „glücklich-verheiratet-alleinerziehend". In der Woche hatten die Kinder nicht viel von ihrem Vater, doch wenn Tommi am Wochenende heimkam, war er Vollzeit-Papa. Wir machten tolle Sachen zusammen und fuhren regelmäßig in Urlaub.

Als Philipp drei Jahre alt war, erwachte in mir ein alter Wunsch: Ich wollte schon immer einmal einen Second-Hand-Laden haben und darin Brautkleider verkaufen. Leider war dieser Traum kaum realisierbar, man hätte dafür schöne, helle Räume und eine gute Schneiderin gebraucht. Da meine Schwester und ich absolut Second-Hand-begeistert waren, es aber in Memmingen ein solches Angebot nicht gab, beschlossen wir, im Haus meiner Schwester selbst einen Laden für gebrauchte, aber gut erhaltene Kindersachen und Umstandsmode aufzumachen. Ebay gab es ja noch nicht und das Second-Hand-Geschäft blühte. Unser kleiner Laden war eine richtige Goldgrube. Das war echt eine tolle Zeit!

Im Jahr 2000 wurden wir dann doch noch Hausbesitzer: Der Eigentümer unseres Reihenmittelhauses hatte Eigenbedarf angemeldet, war dann aber bereit, uns sein Haus zu verkaufen. Nun renovierten wir es nach unseren Vorstellungen und machten daraus ein gemütliches Zuhause.

2. Vom Glauben und Unglauben

Erste Erfahrungen mit dem Glauben

Bei aller Liebe und dem Glück, jetzt eine Familie zu sein, gab es doch ein Thema, das in den kommenden Jahren immer wieder zwischen Tommi und mir stehen sollte: Unsere unterschiedliche Einstellung zum christlichen Glauben.

In meinem Elternhaus spielte der Glaube eigentlich keine Rolle, doch meine Geschwister und ich wurden evangelisch getauft, und jeden Abend vor dem Schlafengehen betete meine Mutter mit mir immer das gleiche Gebet:

„Lieber Gott, jetzt schlaf ich ein.
Schicke mir ein Engelein,
dass es treulich bei mir wacht
in der dunklen langen Nacht.
Schütze alle die ich lieb,
alles Böse mir vergib.
Kommt der helle Morgenschein,
lass mich wieder fröhlich sein!"

In die Kirche gingen meine Eltern nur zu Weihnachten. Ich freute mich aber immer, wenn ich mein „Omale" in die Kirche begleiten konnte, weil ich mich dort im Kindergottesdienst so wohlfühlte.

Mit sieben Jahren war ich zusammen mit meiner Cousine Sabine bei der Gründung der Mädchenjungschar des CVJM dabei. Eine tolle Zeit begann! Ich war die Jüngste in der Gruppe und nahm schon ein Jahr später ganz ohne Heimweh zum ersten Mal an einer Freizeit teil.

Als ich 13 Jahre alt war gab es ein Riesentrara, weil die Bubenjungschar und die Mädchenjungschar zusammengelegt wurden und es nun eine gemischte Gruppe gab. Durfte denn sowas sein?

Mestizos, die Mischlinge, nannte sich die Gruppe. Ich war mit ganzem Herzen dabei. Meine Aufgabe war es, den Gruppenbeitrag einzusammeln und Briefe auszufahren, und ich schrieb ellenlange Gedichte über die Erlebnisse in unserer ersten Freizeit.

Meine Zeit als Konfirmandin fand ich eher langweilig, aber immerhin gab es tolle Jungs in unserer Gruppe. Bei der Konfirmationsfeier bekam ich vor lauter Rührung feuchte Augen. Ich schämte mich dafür, denn keine der anderen 40 oder 50 Konfirmanden musste heulen. Ich sagte einfach was von starkem Heuschnupfen, und dass die Blumen am Altar mir die Tränen in die Augen getrieben hätten.

Auch in der Jugendgruppe gefiel es mir sehr gut, doch das, was ich da über das Christsein erfuhr, verstand ich nicht wirklich.

Genau zu dem Zeitpunkt, als ich meinen späteren Mann Tommi kennenlernte, löste sich die Jugendgruppe auf. In alle Richtungen verstreut, treffen sich die Leute von damals aber heute noch ungefähr alle zwei Jahre wie zu einem Klassentreffen.

Tommi wuchs in einem kleinen katholischen Dorf direkt neben einem Bauernhof auf, in dem er gerne mit seinen Geschwistern spielte. Wie seine Brüder musste er Ministrant werden, obwohl er dazu überhaupt keine Lust hatte, daher stand Tommi der Kirche eher negativ gegenüber. Mit 14 Jahren kehrte er dem Ganzen den Rücken zu.

In unserer Beziehung spielte Gott lange keine Rolle. Dennoch war es mir wichtig, kirchlich zu heiraten, womit Tommi mir zuliebe auch einverstanden war. So heirateten wir evangelisch und unsere Kinder wurden evangelisch getauft. 1999 trat Tommi aus der Kirche aus, weil er sich furchtbar geärgert hatte, und einige Jahre später nötigte er auch mich zu diesem Schritt. Aber diese Geschichte werde ich später erzählen.

Zwei Jahre vor Tommis Austritt waren wir wegen der Krebserkrankung seines Zwillingsbruders sehr erschüttert. Wir wussten nicht, ob er diese Krankheit überleben würde. Als ich mit meiner Cousine Sabine darüber sprach, erzählte sie mir von ihrem Bruder, der den Kriegsausbruch in Israel erlebte, aber im Land bleiben wollte, weil er sich sicher war, dass Gott ihn beschützen würde. Das konnte ich überhaupt nicht verstehen.

„So einen Glauben hätte ich gerne!", sagte ich zu meiner Cousine. Da zögerte sie nicht lange und sprach gleich mit mir ein Gebet, mit dem ich mein Leben Jesus übergab. Doch dadurch veränderte sich erstmal gar nichts. Heute weiß ich, dass es für Gott und mich nicht an der richtigen Zeit war und ich das nur vom Verstand her getan hatte. Doch so funktioniert das mit dem Glauben nicht.

Die die ganze Welt erschütternden Ereignisse am 11. September 2001 lösten auch bei meiner Freundin Claudia eine heftige Lebenskrise aus. „Es kann doch nicht sein, dass es einen Gott gibt, der sagt, dass er jeden Menschen liebt - und dann passiert so etwas!"

Sie wollte sich auf die Suche machen und in einem Crashkurs zum Thema Glauben herausfinden, ob es Gott wirklich gäbe. Sie meldete sich zu einem Alpha-Kurs an und fragte mich, ob ich nicht Lust hätte, mitzugehen.

Diese überkonfessionellen Glaubenskurse gehen jeweils über zehn Abende und ein Wochenende. Zu Beginn gibt es jeweils ein gemeinsames Essen, im Anschluss daran einen kleinen Vortrag zu einem bestimmten Thema. Ich freute mich darauf, ein paar Abende rauszukommen und nette Leute kennenzulernen, auch wenn das schreckliche Geschehen bei mir keine Zweifel an der Existenz Gottes ausgelöst hatte. Nur mit der Person Jesu war ich, abgesehen von den Geschichten aus dem Religionsunterricht, nicht vertraut.

Bei den Alpha-Treffen lernte ich Jesus wirklich kennen und verstand endlich, was es bedeutete, eine Beziehung mit ihm einzugehen. Anfangs war mir das fast noch etwas unheimlich und obwohl ich am letzten Abend das Lebensübergabe-Gebet mitpraktizierte und einen Brief schrieb, in dem ich meine Sünden bekannte, der dann verbrannt wurde, dachte ich dabei: „Die haben doch irgendwie alle einen Tick!"

Zu Weihnachten bekam ich ein Büchlein zum Thema Glauben geschenkt, „Das tat Gott" von William MacDonald. Darin wurde alles noch einmal kurz erklärt: Dass Gott auf die Welt kam, weil er uns alle liebt, was der Sündenfall bedeutet, und vieles mehr. Nun verstand ich endlich, was ich in dem Kurs erlebt hatte. Von da an war ich Feuer und Flamme! Und wenn ich einmal für etwas brenne, werde ich sofort aktiv.

Am letzten Abend lernten wir, dass man die Gemeinschaft mit anderen Christen suchen und sich einem Hauskreis und einer Gemeinde anschließen solle. Denn „ein glühendes Stück Holz erlischt, wenn man es aus dem Feuer nimmt, es bleibt allein und verglüht". Das wollte ich sofort in die Tat umsetzen.

Anfang des Jahres 2002 fand ich meine Gemeinde und einen Hauskreis in der Frauenkirche. In diesem Hauskreis erlebte ich einen ganz freien Glauben. Nach dem Satz aus der Bibel: „Wo der Geist des Herrn ist, da ist Freiheit" (2. Korinther 3, Vers 17), lernte ich dort die Texte in der Bibel aufgrund der Frage wirken zu lassen, wie sie wohl in der heutigen Zeit geschrieben würden, was sie mir heute zu sagen hätten.

Im Sommer diesen Jahres fuhr ich zum ersten Mal mit meiner Schwester und unseren Kindern auf eine Familien-Bibelfreizeit in Neuendettelsau. Jump City hieß das Projekt und die Informationen auf dem zufällig gefunden Flyer klangen so interessant, dass auch Michi und Philipp Feuer und Flamme waren. Tommi wollte ihre Teilnahme eigentlich verbieten, damit sie nicht einer „Gehirnwäsche" unterzogen würden. Doch ihre Begeisterung ließ ihn schließlich nachgeben.

Sechs aufeinanderfolgende Jahre „sprangen" wir in den Jump City-Freizeiten in diese „Stadt": Ein großes Zelt war Stadthalle und Gasthaus zugleich. Der Leiter des Projektes war der Bürgermeister, seine Mitarbeiter bildeten den Stadtrat. Im großen Park wurde aus einem Planschbecken das städtische Schwimmbad. Zum vielfältigen Programm dieser Freizeiten gehörten Vorträge, Workshops und ein abwechslungsreiches Kinderprogramm. Waren meine Schwester und ich bei der ersten Freizeit im Jahre 2002 mit unseren Kindern noch die einzigen Teilnehmer aus Memmingen, wurden es in den folgenden Jahren immer mehr. Für mich wurden diese Freizeiten, bei denen ich in einer wohltuenden Freiheit so viel von Jesus und Gottes Liebe erfahren und in meinem Glauben reifen konnte eine Art Heimat. Dort fühlte ich mich geborgen und konnte auftanken. Ein halbes Jahr lang zehrte ich jeweils noch von den wertvollen Erfahrungen, die ich dort machte - und ein halbes Jahr lang sehnte ich mich danach, endlich wieder in Jump City zu sein. Philipp sagte einmal, für ihn wäre ein Jahr ohne Jump City wie ein Jahr ohne Weihnachten.

Diese Freizeiten bekamen für mich noch eine ganz besondere Bedeutung: Im Laufe der Jahre entwickelte sich eine wunderbare Freundschaft mit Andreas Güntzel und seiner Frau Susi, den Begründern und Leitern von Jump City.

In meinem Bekanntenkreis bin ich eine der wenigen, die sich nicht aufgrund der Erfahrung von Leid bekehrten, wie so viele andere, die mit Süchten oder anderen Nöten zu kämpfen hatten und dadurch zu Gott fanden. Ich bin ja glücklich gewesen mit meinem Leben, oder ich glaubte das zumindest. Aber war ich nicht irgendwie schon immer auf der Suche? „Da gibt's noch was …", aber ich wusste nicht, was.

Geprägt von den Familienfreizeiten und den wöchentlichen Treffen des Hauskreises, bedeuteten die ersten sieben Jahre in meiner Glaubensgeschichte für mich, im Glauben zu wachsen und zu reifen, Jesus kennenzulernen und ein gewisses Vertrauen zu üben. Diese Erfahrungen schenkten mir Halt und Zuversicht in all den schwierigen Phasen, die noch vor mir lagen.

Wenn mich heute jemand fragt: „Was ist das Beste, das dir im Leben je geschehen ist?", dann nenne ich den 2. Dezember 2001, den Tag meines Lebensübergabe-Gebetes.

Jesus, ich danke dir, dass du mich so sehr liebst.
Ich habe von dir und deiner Einladung gehört.
Ich öffne dir mein Leben.
Ich danke dir, dass du am Kreuz für mich gestorben bist.
Ich danke dir, dass du mir alle meine Schuld vergeben hast.
Mein ganzes Leben soll dir gehören.
Dir will ich folgen. Du bist mein Herr.
Hilf mir, dass ich deinen Willen erkenne und tue.
Ich will dein Wort lesen. Ich will mich zu deiner
Gemeinde halten.
Danke, dass du mich angenommen hast.
Amen

Ehekrise an Erntedank

Es war ein wunderschönes Oktoberwochenende im Jahr 2004. Obwohl ich ja wusste, dass mein Mann von Kirche oder Glauben überhaupt nichts wissen wollte, startete ich einen erneuten Versuch, ihn einzuladen, an diesem Sonntag mit den Kindern und mir zusammen in den Erntedankgottesdienst zu gehen. Doch Tommi rastete mal wieder völlig aus: „Lass mich doch mit dem Mist in Ruhe, du immer mit deinem Gottesdienst!" Wir bekamen einen so heftigen Streit, dass ich mich frustriert ins Auto setzte und in den Wald fuhr, um mich abzureagieren.

Als ich durch den Stadtwald lief, kam ich an eine Stelle, an der drei Bäume auf einer Lichtung standen. Ich war schon fast an ihnen vorbeigelaufen, da sah ich plötzlich ungefähr zehn Eichhörnchen, die sich gegenseitig die Baumstämme hinauf jagten und Fangen spielten. Noch nie hatte ich so viele Eichhörnchen auf einmal gesehen. Nun beobachtete ich, wie sie von einem Baum zum anderen hüpften und freute mich über dieses wunderschöne Bild. Gleichzeitig war ich immer noch voller Selbstmitleid:

„Ich will jetzt endlich einen gläubigen Mann, der mit mir und meinen Kindern morgen das Erntedankfest feiert." In mir tobten die Gedanken: „Ich mag nicht mehr! Ich packe meine Koffer, meine Kinder und gehe."

Wie ich da so stehe und grolle, höre ich auf einmal eine Stimme, die ganz laut und deutlich sagt: „Heike, geh nicht! Sieh dir doch mal diese Eichhörnchen an, wie sie vertrauensvoll von einem Ast zum anderen hüpfen und nicht abstürzen. So wie ich sie nicht fallen lasse, werde ich auch dich nicht fallen lassen.

Hab halt ein bisschen Geduld und Vertrauen! Das ist der Mann, den ich dir zur Seite gestellt habe, mit dem du gemeinsam alt werden sollst, bei dem du bleiben sollst, bis dass der Tod euch scheidet."

Genauso hörte ich das: „Geh nicht, hab Vertrauen!" Diese Stimme war so laut, dass ich wirklich dachte, es stünde jemand neben mir. Aber da war niemand. Die Stimme muss aus mir selbst gekommen sein und ich bin mir sicher, dass es Gottes Stimme war, die ich da hörte. Davon war ich so berührt und ergriffen, dass ich nach Hause fuhr und beschloss, bei meinem Mann zu bleiben. Von diesem Tag an betete ich intensiv dafür, es möge irgendetwas passieren, dass Tommi sich öffnen und Gott finden könne. Die Erfahrung, die ich an diesem Erntedanksonntag machte, war enorm wichtig für mich. Sie schenkte mir neue Kraft, um mit Geduld und Vertrauen an Tommis Seite bleiben zu können.

Zum Austritt gezwungen

Zu der Zeit unserer heftigen Ehekrise erließ die Evangelische Kirche ein neues Gesetz, wonach bei steuerlich gemeinsam veranlagten Ehegatten für den Partner, der in der Kirche war, eine Sonderkirchensteuer zu zahlen wäre, wenn dieser kein eigenes Einkommen hätte und der Verdiener aus der Kirche ausgetreten sei.

Tommi regte sich furchtbar darüber auf: Er war ja aus Überzeugung aus der katholischen Kirche ausgetreten, nicht um Steuern zu sparen! Und nun kam die Evangelische Kirche auf so eine „bescheuerte Idee". Er ignorierte diese Aufforderung genauso wie die erste und die zweite Mahnung. Anfang 2006 schrieb er dann einen bitterbösen Brief an den damaligen Landesbischof in München, in welchem Zeitalter wir eigentlich lebten, das wäre ja wie das Wegegeld im Mittelalter. Er sähe das überhaupt nicht ein! Die würden keinen Pfennig von ihm bekommen, weil er ja schließlich und endlich mit diesem Laden nichts am Hut habe. „Ich zahle ja auch keine Gebühr für einen Turnverein, in dem ich gar kein Mitglied bin."

Ich brachte seinen Brief zur Post – und schickte meinerseits einen fünf Seiten langen handgeschriebenen Brief an den Bischof. Ich fragte ihn, ob er sich vorstellen könne, was es bedeute, in einer Ehe zu leben und Kinder zu haben, wenn der Glauben so trennend zwischen einem stehe.

Ich schilderte, wie so manches Wochenende bei uns ablief, dass ich gerne mit unseren Kindern in den Gottesdienst ginge, dass ich eine Beziehung zu Jesus hätte und diese Gemeinde mir wichtig wäre. Ich schrieb, dass ich meinen Mann gerade so weit hatte, dass er mich und auch die Kinder zumindest ein Stück weit gewähren ließ, „und jetzt kommen Sie mit so einem Zeug daher!"

Statt einer Antwort auf meinen Brief erhielten wir im April 2006 den Bescheid, dass, wenn das Geld inklusive Mahngebühren und Zinsen nicht bis zu dem und dem Zeitpunkt bezahlt sein würde, der Gerichtsvollzieher käme. Ich war fix und fertig. Tommis Weigerung zu zahlen, hatte ich auch auf mich bezogen und als Ablehnung empfunden. War ich ihm dieses Geld nicht wert? Doch da Tommi nicht wollte, dass der Gerichtsvollzieher kommt, blieb ihm nichts anderes übrig: „Jetzt ist Schluss, ich zahle! Aber du trittst aus der Kirche aus, die kriegen keinen Cent mehr von mir!"

Nun war ich so im Zwiespalt, dass ich mich an Stephan Ranke, meinen damaligen Pfarrer wandte. Nachdem ich ihm meine Situation geschildert hatte, saß er eine Weile stumm da, kratzte sich an seinem Bart und sagte schließlich, dass er sich für seinen Arbeitgeber schäme. Nicht für das Gesetz, das erlassen wurde, sondern dafür, dass ich nicht einmal eine Antwort auf meinen persönlichen Brief bekommen hatte. Um meine Ehe zu retten, gab er mir den

Rat, aus der Kirche auszutreten. Ich zweifelte noch. „Was ist, wenn ich morgen von einem Auto überfahren werde?" „Mach dir keine Sorgen!", sagte er. „Ich kenne dein Herz und weiß, was du für eine Beziehung zu Jesus hast. Ich werde dich trotzdem beerdigen." „Und was ist mit meinen Kindern, wenn sie zur Konfirmation gehen wollen?" „Deine Kinder sind durch ihre Taufe Mitglied in der Kirche und können mit 14 Jahren für sich selbst entscheiden, das ist also kein Problem."

Meine Gemeinde versuchte noch, sich bei der zuständigen Stelle für uns einzusetzen, doch das Ende vom Lied war, dass wir das Geld bezahlten und ich quasi mit dem Segen unseres Pfarrers den Entschluss fasste, aus der Kirche auszutreten.

Ich glaube, es war der 24. Mai 2006, als ich dem Standesbeamten gegenübersaß und das entsprechende Formular ausfüllte. Ich hatte ja nicht auf einem Standesamt geheiratet, aber das müsste sich ganz ähnlich angefühlt haben: Der Beamte las die Erklärung vor, dass ich aus der evangelischen Kirche austreten wolle. Ich unterschrieb und bezahlte 30 Euro. Ein Stempel, ein Siegel, eine Gegenunterschrift des Beamten – „Aha, okay. Das war's."

Bis dahin war mir gar nicht bewusst gewesen, wieviel es mir doch bedeutete, Mitglied in einer Kirchengemeinschaft zu sein, weil ich eigentlich so wie Tommi immer dachte: „Kirche und Religion sind zwei Paar Stiefel." Für mich zählte mein Glaube und meine Beziehung zu Jesus. Doch nachdem ich nun diesen Schritt gegangen war, fühlte es sich an, als würde ich in ein Nichts fallen. Um meinen Gefühlen Ausdruck zu verleihen, schrieb ich noch einmal an die Landeskirche. Wie schade diese Angelegenheit für das Bodenpersonal wäre, und dass ich das gar nicht verstehen könnte, denn jetzt hätten sie noch ein Schäfchen weniger, das eigentlich so gerne dazu gehören möchte.

An einem der nächsten Tage begleitete ich eine gute Freundin zu einer Wallfahrt nach Kloster Andechs. Sie meinte, bei dieser Gelegenheit könnte sie ihre Scheidung und ich meinen Kirchenaustritt bedenken. Ich auf einer katholischen Wallfahrt! Eine etwas irreale Erfahrung: Auf dem Schiff auf dem Ammersee hatten wir Hunderte Pilger getroffen, die nun Weihrauch schwenkend und den Korpus am Kreuz vor sich hertragend mit uns den Wallfahrtsweg von Herrsching zum Kloster hinauf wanderten.

„Wie können die nur immer diese Heiligen anbeten!", dachte ich unterwegs, „Das geht doch gar nicht! Ich bete Jesus an, etwas anderes brauche ich nicht." Wie erstaunt war ich dann, festzustellen, dass dieses „Geleiere", wie ich es immer empfunden hatte, mir irgendwie guttat. Es fühlte sich an wie eine Meditation und tat meiner Seele gut. Auch der Gottesdienst in der Wallfahrtskirche gefiel mir gut, weil ich spürte: „Dieser total coole Pater hat ja auch Jesus in seinem Herzen." Ich schämte mich richtig für meine Vorbehalte den katholischen Gläubigen gegenüber, dass sie gar nicht richtig glauben und beten könnten. Was diese Pilger auf sich genommen haben, beeindruckte mich sehr, und ich verstand, dass sie vielleicht etwas anders glaubten als ich, aber dass Jesus ihnen nicht fremd wäre.

Wenn ich nach meinem Kirchenaustritt sonntags in den Gottesdienst ging, fühlte ich mich zunächst, als würde ich nun nicht mehr richtig dazugehören. Doch schon zwei Monate später machte ich eine heilsame Erfahrung: Ich wurde gefragt, ob ich am kommenden Sonntag das Abendmahl mit austeilen könnte. Ich war tief berührt und gestand weinend, dass ich das so gerne machen würde, aber es wegen meines Kirchenaustritts nicht möglich wäre. Bis dahin wusste das nur unser Pfarrer. Ich erklärte den Grund meines Austritts und durfte trotzdem beim Abendmahl mitwirken.

Das wären besondere Umstände und man wüsste ja von meiner Herzenshaltung. Mittlerweile hatte auch der Kirchenvorstand zwar überrascht und entsetzt, aber auch verständnisvoll auf meinen Austritt reagiert.

Als ich dann an diesem Sonntag im Juli das Abendmahl austeilen durfte, war das eine ganz besondere Erfahrung für mich! Ich spürte Jesus so nahe und merkte, hier geht es wirklich nur um ihn und mich. Kirche brauchte ich nicht als ein theoretisches Konzept, sondern als Gemeinschaft, und die erlebte ich an diesem Sonntag auf wunderbare Weise: In der Frauenkirche wird der Gottesdienst vom Altar in der Mitte aus gestaltet. Beim Abendmahl bildet man einen Kreis, der normalerweise nach vorne offen ist. Dort stehen die vier Leute, die das Abendmahl zu beiden Seiten austeilen.

An dem Tag, als ich zum ersten Mal mithelfen durfte, waren so viele Menschen zum Abendmahl gekommen, dass sich der Kreis schloss und ich mit den drei anderen Austeilenden in seiner Mitte stand. Für mich war das ein wunderschönes Symbol: Ich fühlte mich mittendrin und von der Gemeinde umschlossen. Das erlebte ich seitdem nie wieder so stark.

Dass ich das Abendmahl mit austeilen durfte, war aber nicht nur ein Geschenk von Jesus an mich: Meine Dankbarkeit und das Gefühl von Gott angenommen zu sein konnte ich aus tiefstem Herzen mit Brot und Wein an die Menschen weitergeben, die zum Abendmahl kamen. Ich schaute ihnen in die Augen, berührte ihre Hände und sprach sie mit ihrem Namen an. „Jesus ist auch für dich ans Kreuz gegangen, weil er dich so sehr liebt."

Hinterher wurde ich von ein paar Leuten ganz berührt darauf angesprochen. Aber dass ich das so machte, war ja ganz unbewusst geschehen, das war nicht ich, sondern Jesus oder der Heilige Geist. Von dem Zeitpunkt an hatte ich kein Problem mehr damit, nicht mehr Mitglied in der Kirche zu sein, ich dachte gar nicht mehr daran.

Und es kam dann wirklich so, wie Stephan Ranke es versprochen hatte: Obwohl ich offiziell gar nicht mehr dazu gehörte, erlebte ich die Gemeinde wirklich als eine Familie. In den folgenden Jahren erfuhr ich so viele Hilfeleistungen und Gebete, dass ich mich nicht mehr ausgetreten fühlte, sondern mittendrin.

Meine Zeit mit Karin

Es müsste im Jahre 2004 gewesen sein, als in das damalige Special Service Team unserer Gemeinde, zu dem ich gehörte, eine neue Mitarbeiterin kam. Karin war mir von Anfang an sehr sympathisch und wurde mir bald trotz des Altersunterschiedes von 21 Jahren zu einer sehr vertrauten, fast mütterlichen Freundin. Wir trafen uns oft auch privat und ich vertraute ihr so manches an. Unter anderem klagte ich ihr mein Leid, dass mein Mann den Glauben nicht mit mir teile und wir uns dadurch in der Kindererziehung oft nicht einig seien.

Im März 2006 vergaß Tommi unseren Hochzeitstag, für den ich mir eine schöne Überraschung ausgedacht hatte. In meiner großen Enttäuschung rief ich Karin an und erzählte ihr, dass ich am liebsten meine Koffer packen würde. Doch sie ermutigte mich und sagte: „Bleib!" Und dann schenkte sie mir eine selbstgemachte Tonschale für eine Vogeltränke, auf die sie für jedes gemeinsame Jahr mit Tommi eine Kerze gestellt hatte. Dieses Zeichen der Verbundenheit berührte mich sehr.

Kurz darauf bekam Karin die Diagnose, dass sie so fortgeschritten an Brustkrebs erkrankt wäre, dass es so gut wie keine Heilungschancen mehr gäbe. Sie ließ sich zwar operieren, die anschließende Chemotherapie brach sie aber ab, weil es ihr so schlecht ging. Sie wollte keine Therapien mehr, sondern die Zeit einfach annehmen, die Gott ihr noch schenke. Mit ihrem baldigen Sterben hatte sie ihren Frieden und sie freute sich auf den Himmel.

Die Krankheit schritt sehr rasch fort und wegen ihrer durch zahlreiche Metastasen morschen Knochen, kam es zu Komplikationen. Während Karin mit gebrochenen Gliedern im Krankenhaus lag, sprachen wir einmal über ihre Schwester. Sie bedauerte, dass sie kein gutes Verhältnis zueinander hatten. Nun war es Karins größter Wunsch, sich vor ihrem Tod mit dieser Schwester auszusöhnen. Ich ermutigte sie und sagte: „Ruf sie an, schreib ihr, du kannst doch nichts verlieren. Vielleicht kommt sie auf dich zu." Doch aus Angst vor Enttäuschung fehlte Karin der Mut dazu.

Als ich sie im Frühjahr 2007 im Krankenhaus besuchte, sprachen wir über ihre Beerdigung, welchen Sarg sie sich wünsche und was in der Todesanzeige stehen solle. Ich radelte kurz in die Stadt, um in der Bücherei ein Buch zum Thema Todesanzeigen zu holen. Irgendwie war ich so in Gedanken, dass ich einen komplett falschen Weg fuhr. „Na gut," dachte ich, „dann radele ich halt hier herum." In diesem Moment kam mir eine Frau in einem elektrischen Rollstuhl entgegen.

Ich wollte an ihr vorbeiradeln, da hörte ich eine innere Stimme: „Heike, halt sie an. Das ist Karins Schwester." Ich wusste weder, wo Karins Schwester wohnte, noch wie sie aussah oder wie sie hieß. Ich wusste nur, dass sie aufgrund einer Körperbehinderung zwar mit Krücken noch ein bisschen laufen konnte, ansonsten aber in einem elektrischen Rollstuhl unterwegs war. Ich dachte, jetzt bin ich komplett verrückt und radelte weiter.

Plötzlich war mir, als würde mich eine unsichtbare Macht mit der Hand packen und mich zwingen, anzuhalten. Dann kam wieder die Stimme: „Bitte Heike! Halte sie an! Das ist Karins Schwester!" Ich bekam Herzrasen und mein Verstand schaltete sich aus. Ich kehrte um und wollte die fremde Frau ansprechen, doch sie war schon weg, so dass ich sie suchen musste. Tatsächlich sah ich sie ein Stück weiter und radelte nun so, dass ich von vorne auf sie zukam. „Hallo, ich grüße Sie. Sind Sie nicht Karins Schwester?", hörte ich mich sagen. Sichtlich überrascht antwortete sie: „Eh, ja!" „Wie geht's ihr denn?", fragte ich. „Das weiß ich nicht." „Ach so, ich habe gedacht, Sie könnten mir bestimmt sagen, wie es ihr geht. Sie ist doch im Krankenhaus."

Ich weiß nicht mehr genau, was dann geschah, außer, dass die Frau weinend vor mir in ihrem Rollstuhl saß. In den folgenden zehn Minuten erfuhr ich ihre ganze Lebensgeschichte, auch warum und wieso sie keinen Kontakt mehr mit ihrer Schwester hatte. Ich sagte dann nur: „Karin hat Krebs und ziemlich viele Knochenmetastasen, momentan ist sie in der Klinik. Es tut mir leid, dass ich Sie jetzt so in Unruhe gestürzt habe, das wollte ich natürlich nicht." Gott sei Dank fragte die Frau nicht, woher ich sie kannte. Was hätte ich denn sagen sollen?

Als ich Tommi abends von dieser wundersamen Begegnung erzählte, gab er zum ersten Mal keinen blöden Kommentar ab. Er glaubte mir, was ich ihm von der mysteriösen Stimme erzählt hatte, weil man so eine Geschichte gar nicht erfinden konnte.

Er dachte wohl das erste Mal darüber nach, ob es nicht doch ein höheres Wesen gäbe, welches unser Schicksal begleitete.

So traurig diese Geschichte auch war, gab es doch noch ein Happy End: Zwei Tage nachdem die Stimme mich auf die Frau im Rollstuhl aufmerksam gemacht hatte, bekam Karin im Krankenhaus Besuch von ihrer Schwester. Die zwei versöhnten sich und es blieb ihnen noch ein Jahr, in dem sie sich aussprechen und vieles nachholen konnten. Das freute mich so sehr.

Karin ging es immer schlechter. Kurz vor Weihnachten 2007 bekam sie einen Platz in einem Pflegeheim. In diesem Winter fuhr ich sie oft mit dem Rollstuhl herum, damit sie noch ein bisschen raus kam. Dabei sagte sie oft: „Mensch Heike, wie kann ich's dir danken und je wieder gut machen?" Sie wollte mir immer Geld zustecken, hatte aber selbst kaum genug zum Leben. „Du brauchst mir das nicht gut machen", erwiderte ich einmal. „Ich will kein Geld von dir. Ich mache das gerne und aus ganzem Herzen. Jesus sagt: ‚Was ihr für einen meiner geringsten Brüder getan habt, das habt ihr für mich getan.'* Genauso mache ich es. Bitte, nimm das so!" Sie sagte nur: „Na gut, im Himmel wird es dir gedankt werden".

Einige Monate später hörte ich noch einmal die Stimme, die mich damals zu Karins Schwester geführt hatte. Diese Stimme hatte eine Botschaft für mich, die mir schon bald in einer schweren Stunde zu einem wichtigen Trost werden sollte.

*Matth. 25, V. 40

3. Stationen einer Krankheit

Eine schlimme Diagnose

An unserem 15. Hochzeitstag, dem 6. März 2008, fuhr ich mit unseren Jungs zu einem Gemeindewochenende. Obwohl Tommi uns nicht seinen Segen dafür gegeben hatte, freute ich mich sehr auf diese Freizeit. Dort lernte ich unter anderem Dr. Mayer* und seine Familie kennen, die noch nicht lange zu unserer Gemeinde gehörten. Es war ein wunderschönes Wochenende.

Tommi war zu dieser Zeit körperlich sehr angeschlagen und wir hofften, bei dem bevorstehenden Termin beim Orthopäden etwas über die Ursache seiner starken Schmerzen erfahren zu können. Wir hatten schon überlegt, ob das irgendetwas mit seiner Vorgeschichte zu tun haben könnte. Bei seinem Zwillingsbruder wurde 1997 durch eine Leukämie-Erkrankung ein Gendefekt entdeckt, von dem man annahm, dass er die Hormonbildung in den Nebenschilddrüsen beeinflusse. Seither wurden Tommis Werte regelmäßig kontrolliert. Seine Diabetes-Erkrankung war mittlerweile mit Tabletten gut eingestellt.

Wahrscheinlich hatte der Orthopäde bei dieser Untersuchung bereits eine Vermutung. Ich bin ihm noch heute dankbar, dass er Tommi nicht, wie eigentlich üblich, mit Physiotherapie oder Spritzen behandelte, sondern ihn zum Lungenfacharzt schickte. Vierzehn Tage später veranlasste dieser eine Computertomographie wegen des Verdachts auf Lungenkrebs.

Ende März wollte ich eigentlich meinen 42. Geburtstag feiern. Aus Sorge um Tommis Gesundheit sagte ich aber alles ab, zum Feiern war mir wirklich nicht zumute. Ein paar Leute kamen aber trotzdem, um mir zum Geburtstag zu gratulieren. Als eine Bekannte von Tommis Diagnose hörte, nahm sie mich spontan in den Arm und betete für mich. Da fand ich zum ersten Mal eine große

Ruhe und tiefen Frieden in mir. Ich hatte diese innere Gewissheit: „Heike, es wird alles gut!"

Bei der Computertomographie stellte sich heraus, dass es sich bei der Geschwulst in Tommis Brust nicht um ein Bronchial-Karzinom, sondern um ein Thymom handelte. Das bedeutete, dass die Thymusdrüse in der Nähe des Herzens, die das Immunsystem reguliert und normalerweise in der Pubertät zu einem Anhängsel verkümmert, durch einen Gendefekt entartet war. Zur Bestätigung dieser Diagnose sollte eine Biopsie durchgeführt werden, dann könnte das Thymom operativ entfernt werden. Mit dieser hoffnungsvollen Nachricht besuchte ich Karin im Pflegeheim.

Es war der 6. April 2008. Karin ging es schon länger relativ schlecht, aber es war nicht abzusehen, wieviel Zeit ihr noch bliebe. Als ich sie an diesem Tag besuchte, hatten wir ein wunderbares Gespräch, auch übers Sterben. Ich segnete sie und sagte, dass sie loslassen dürfe, wenn sie das Gefühl hätte, dass es an der Zeit sei. Als wir an diesem Tag zusammen beteten, sagte Karin zu mir: „Heike, ich weiß nicht, warum es so schlimm kommen musste mit deinem Tommi. Aber jetzt weiß ich, wie ich dir all das wieder gut machen kann, was du für mich getan hast." Ich verstand nicht, was sie meinte, und dachte auch nicht weiter darüber nach.

Ein paar Tage später war ich gerade im Fitnessstudio auf dem Stepper, da vernahm ich wieder die Stimme, die ich damals während unserer Ehekrise im Wald bei den Eichhörnchen hörte und die mir ein anderes Mal gesagt hatte: „Halte sie an, das ist Karins Schwester!" Jetzt sagte die Stimme: „Heike, fürchte dich nicht, hab keine Angst! An dem Tag, an dem ich die Karin zu mir hole, wird mit Tommi alles gut."

Ich hörte diese Worte, speicherte sie aber unbewusst irgendwo ab und registrierte sie kaum als Bestätigung für diesen tiefen Frieden, den ich schon an meinem Geburtstag erfahren hatte. Während Tommi zur Entnahme der Gewebeprobe im Mini-OP des Klinikums lag, durfte ich draußen im Warteraum wenigstens in seiner Nähe sein. Um mich ein bisschen zu beruhigen, wollte ich mit Kopfhörern ein paar Lieder auf einem Stick anhören. Darunter war das Lied „Regenbogen" von Albert Frey, das ich flüchtig kannte, dessen Text mir aber nie bewusst geworden war.

Regenbogen
Gott sieht unsre Tränen, Gott fühlt unsern Schmerz,
Gott kennt unser Sehnen, weiß um unser Herz.
Er kann uns verstehen, wenn keiner uns versteht,
Trost und Liebe geben, wenn uns die Hoffnung fehlt.
Regen fällt und fällt, durchdringt die ganze Welt.
Seht der Himmel weint, im Leid mit uns vereint.
Durch die Wolken dringt ein Sonnenstrahl und bringt
Hoffnung, die das Licht in Regenbogenfarben bricht.

Es war, als würde ich diesen Song zum ersten Mal hören. Tief berührt saß ich vor dem OP-Bereich und lauschte weinend der tröstenden Zusage dieses Liedes. In dem Moment konnte ich noch nicht wissen, dass es bei der Biopsie zu einer Komplikation gekommen war: Obwohl oder weil der Tumor recht groß war, wurde aus Versehen die Lunge mit angestochen. Das führte dazu, dass diese zusammenfiel und Tommi auf der Überwachungsstation bleiben musste.

Während ich also allein wieder nach Hause ging, nahm ich, außer meiner großen Sorge um Tommi, das Bild des Regenbogens und die Botschaft dieses Liedes in meinem Herzen mit.

Der histologische Befund der Biopsie ergab, dass es sich tatsächlich um ein Thymom vom Typ B3 handelte. Wir googelten das natürlich sofort und waren ganz beruhigt, dass das offenbar ein gutartiger Tumor wäre. Nach der Operation würde es Tommi bestimmt schnell besser gehen.

Allerdings war der Tumor sehr groß, 15 x 15 x 12 cm und wog annähernd ein Kilogramm. Er war mit der Lunge, der Speise- und der Luftröhre, dem Herzen und dem Zwerchfell verwachsen. Das machte die Operation zu einer großen Herausforderung.

Am Tag der OP, dem 29. April 2008, erhielt ich gleich am Morgen einen Anruf von Karins Schwester, die mir mitteilte, dass Karin um fünf Uhr in der Früh friedlich eingeschlafen sei.

Da erinnerte ich mich an die Stimme in meinem Kopf, die gesagt hatte: „Hab keine Angst, an dem Tag, an dem ich die Karin zu mir hole, wird mit Tommi alles gut werden!" Durch Gottes Zusage war ich die Ruhe in Person.

Während Tommi fast acht Stunden lang operiert wurde, ging ich ganz entspannt mit Freunden zum Mittagessen in eine Pizzeria, um mir die Zeit zu vertreiben.

Am Nachmittag konnte ich mich dann von Karin verabschieden. Es war das erste Mal, dass ich einen toten Menschen berühren und sogar noch einmal umarmen konnte. Bevor der Bestatter kam, um den Sarg mit ihrem Leichnam abzuholen, nahm ich die kleine Figur, die sie immer und überall mit dabeigehabt hatte, und legte sie in ihre Hände. Es war die Figur eines Kindes, das in Gottes Händen ruht. Damit endete meine Geschichte mit Karin.

Auch als ich anschließend mit meiner Freundin Claudia ins Klinikum ging, um Tommi zu besuchen, war ich entspannt und zuversichtlich. Tatsächlich trafen wir ihn in einer ganz guten Verfassung an. Er saß lächelnd im Bett und bedankte sich beim Pflegepersonal für die gute Versorgung.

Zwischen Koma und Konfirmation

In der Annahme, dass ja nun alles paletti wäre, nahm ich am nächsten Tag unseren ältesten Sohn Michi mit zu Tommi ins Krankenhaus. Besuche auf der Intensivstation waren nur nachmittags für eine, und abends für eine halbe Stunde erlaubt. Wie erschrocken waren wir, Tommi nun völlig verwirrt zu erleben! Er war zwar wach und erkannte uns auch, aber er erzählte ganz wirres Zeug. Wir erfuhren, dass er eine furchtbare Nacht hinter sich hatte.

Bei unserem Besuch am Nachmittag erzählte Tommi uns dann Unglaubliches: „Heute Nacht bin ich zweimal gestorben!"

„Du spinnst ja, du bist doch nicht gestorben, du bist doch hier!", war meine spontane Reaktion.

„Doch, ich bin heute Nacht zweimal gestorben und ich war in einem dunklen Tunnel mit einem wunderschönen hellen Licht und Musik am Ende." Er erzählte, dass er unbedingt zu diesem Licht wollte. Meine Freundin Claudia und ich wären mit in dem Tunnel gewesen und hätten gesagt: „Du willst doch gar nicht ins Licht, du willst doch von Jesus nichts wissen." Darauf hätte er zu uns gesagt: „Ja, bisher nicht. Aber wenn ich das jetzt so sehe, diese Schönheit und dieses Dunkle, dann will ich lieber doch ins Licht." Das erzählte er Michi und mir genau so, wortwörtlich.

Wir dachten natürlich, jetzt spinne er komplett, schließlich erzählte er auch viel anderes wirres Zeug, z.B. von seinem Walkman, den er jetzt hier hätte, obwohl der in seiner Tasche auf der Normalstation war.

Wir konnten uns keinen Reim auf Tommis Erzählungen machen und kamen gar nicht auf die Idee, dass es sich bei seiner Schilderung von Licht und Tunnel tatsächlich um eine Nahtoderfahrung handeln könne.

Zu der Zeit hatten die Ärzte mir noch nicht gesagt, was in der Nacht passiert war. Dass es zu einem Herzkammerflimmern gekommen war, sollte ich erst später erfahren.

Die zweite Nacht muss dann wieder sehr heftig gewesen sein. Am Donnerstagmorgen, es war der 1. Mai, machte man noch einmal sämtliche Untersuchungen. Die Ärzte konnten sich nicht erklären, warum Tommi sich mit dem Atmen so schwertat. Es gab keine Hinweise auf eine Embolie, und nachdem weder Röntgen, Computertomographie oder Lungenspiegelung einen wesentlichen Befund ergeben hatten, entschied man, Tommi ins Koma zu legen, um seinen Organismus zu schonen. Ich wurde telefonisch über diese Maßnahme informiert, mit der Aufforderung schnell zu kommen, wenn ich meinen Mann noch einmal sprechen wolle.

Es war so ein schöner Frühlingstag und ich lernte mit Michi Lateinvokabeln. Wir waren gerade bei ‚Cor – das Herz‘ und ‚Vita – das Leben‘, als das Telefon klingelte. Hätte ich damals verstanden, dass Gott mir mit den Vokabeln ‚Leben und Herz‘ die Sorge um Tommi nehmen wollte, wäre ich nicht so überstürzt auf die Intensivstation geeilt.

Ich war so nervös und angespannt, dass ich meine Freundin Claudia bat, mich ins Krankenhaus zu begleiten.

Als wir dort ankamen, lag Tommi bereits im Koma und war an eine Beatmungsmaschine angeschlossen. Ich betrachtete ihn, wie er ganz ruhig dalag. Claudia sprach ein Gebet, nahm mich in den Arm und da spürte ich ihn wieder, diesen übernatürlichen Frieden. Ich hatte keine Angst mehr, und dachte: „Jetzt kann er sich gesundschlafen! Jetzt ist es endlich gut!" In Begleitung von Claudia ging ich erleichtert nach Hause. Weil ich Tommi so ruhig schlafend gesehen hatte und für ihn ja nun gar nichts tun konnte, beschloss ich, am Abend nicht noch einmal zu ihm gehen.

Kaum zu Hause angekommen, merkte ich erst, wie erschöpft ich war. Eigentlich war es ein recht warmer Tag, dennoch begann ich nun heftig zu frieren. Ich hatte auch wieder den ganzen Tag kaum etwas gegessen, darum machte mir Claudia erstmal einen heißen Tee mit Honig. Trotzdem bekam ich Schüttelfrost und mit dem Zittern kam die Panik! Vielleicht war es die Angst, wieder allein zu sein und nicht zu wissen, was in dieser Nacht passieren würde. Diese Angst kam aus meinem Verstand, nicht aus meinem Herzen. Denn in mein Herz hatte Gott mir einen tiefen Frieden gegeben.

In diesem Moment aber siegte der Verstand über das Herz und vor lauter Panik wurde mir schlecht. Obwohl ich nichts im Bauch hatte, saß ich würgend über der Kloschüssel und kotzte mit dem Magensaft meine ganze Angst heraus. „Was wird noch alles passieren? Wie wird das weitergehen?"

Ich fühlte mich, wie sich Jesus im Garten Gethsemane gefühlt haben muss: Total allein gelassen. Dabei war ja meine treue Freundin Claudia an meiner Seite, durch die ich damals den Alpha-Kurs kennenlernen und eine wichtige Erfahrung machen konnte, heute hatten wir gemeinsam an Tommis Bett auf der Intensivstation gesessen und gebetet. Nun versuchte Claudia, mich mit dem Vergleich mit Jesus zu beruhigen: „Du darfst Angst haben! Jesus hatte auch Angst!"

Weil ich mittlerweile regelrechte Heulkrämpfe hatte, sagte sie: „Bevor du vor lauter Panik durchdrehst, lass dir von deinem Verstand sagen: ‚Jesus ist der Sieger! Egal, wie es ausgeht. Die Angst hat nicht eine solche Macht über mich, dass sie mich dermaßen in Besitz nehmen kann!'"

Sie sagte, ich solle versuchen, dieses Gefühl überwiegen zu lassen: Die Angst darf da sein, aber Jesus steht drüber. Das war so ein tolles, hilfreiches Bild für mich! „... und dann kuschele dich ins Bett,", sagte sie noch ganz liebevoll, „wie so ein Embryo, und gib dich in seine Arme und fühle dich gehalten." Ihre Worte taten mir so gut. Mir wurde bewusst, dass ich nicht befürchtete, Tommi könnte sterben – ich hatte ihn ja so friedlich, an die Beatmungsgeräte angeschlossen, schlafen gesehen. Die Panik kam von meiner Hilflosigkeit, ich konnte nur völlig hilflos daneben stehen und nichts für ihn tun. Vor Erschöpfung schlief ich dann bald ein.

Als ich gegen drei Uhr früh aufwachte und wieder ein Anflug dieser Angst kam, konnte ich mich für eine Weile in das flüchten, was Claudia mir gesagt hatte. Doch die Panikattacken kamen wieder, so dass ich schließlich um vier Uhr morgens auf der Intensivstation anrief. Die Worte der Nachtschwester beruhigten mich sehr: „Es ist alles gut! Ihr Mann wird beatmet, die Werte sind stabil. Es ist wirklich gut so, jetzt kann sich sein Körper erholen."

Am Freitagnachmittag wollte ich Tommi noch einmal mit Michi auf der Intensivstation besuchen. Aber dieses Mal wollte die Ärztin ihn nicht hineinlassen. „Wie alt ist das Kind?" „Er wird im August 14", sagte ich. „Dann darf er hier nicht rein!" Ich widersprach: „Aber er war doch am Mittwoch auch mit drin!" „Ja, da war ihr Mann ansprechbar, das ist jetzt etwas ganz anderes", entgegnete die Ärztin.

Doch so schnell gab ich nicht auf! „Ich dränge mein Kind nicht, seinen Vater so zu sehen. Aber er hat gestern den Anruf miterlebt, dass ich schnell kommen solle, und er muss sich jetzt davon überzeugen, dass sein Papa lebt, auch wenn er jetzt an so vielen Maschinen hängt!"

„Ja, das tut uns leid, wir haben unsere Anordnung, Sie können ihn nicht mit reinnehmen!" Ich war so empört, dass ich über mich selbst hinauswuchs und entgegnete: „Wissen Sie was, Ihre Anordnungen sind mir scheißegal! Mein Kind will jetzt zu seinem Vater!"

Da wir schon umgezogen und steril vorbereitet waren, nahm ich meinen Sohn an die Hand und sagte: „Wir gehen jetzt da rein!" Total überrumpelt kam die Ärztin hinter uns her und erklärte uns dann doch die einzelnen Maschinen, an die Tommi angeschlossen war.

Nach dieser ganzen Aufregung war ich abends kräftemäßig am Ende. Mit Michi sprach ich noch über seine Konfirmation, die am Sonntag stattfinden würde. „Wenn du dich jetzt nicht konfirmieren lassen möchtest, dann ist das okay. Ich habe auch erst mit 35 ‚Ja' zu Jesus gesagt, du kannst es auch irgendwann später für dich machen." Er sagte, er wolle es sich überlegen.

Am Samstag in der Früh wurde mir aufgrund des gestrigen Vorfalls telefonisch ein Besuchsverbot für die Intensivstation erteilt. Einem Nervenzusammenbruch nahe hätte ich die Konfirmation am liebsten abgesagt. Eine Freundin von mir kam auf die gute Idee, mit mir zum Notdienst zu fahren, wo ich dann Valium verschrieben bekam. Damit konnte ich die nächsten Tage einigermaßen überstehen und mit Michi und unserer Familie Konfirmation feiern.

Die Plätze, wo die Konfirmanden sitzen, werden jeweils ausgelost, und in diesem Jahr ergab es sich, dass wir in der allerersten Bank saßen. Als ich das Thema des Gottesdienstes hörte, konnte ich es kaum glauben: „P.S. – Ich liebe dich". Ich wusste sofort, dass das der Titel des Kinofilms war, in dem eine Frau von ihrem verstorbenen Mann Briefe erhält, mit denen er ihr Mut macht, weiterzuleben. Ich dachte nur: „Das kann nicht sein, dass dieses Thema für mich ist. Tommi überlebt das doch!" In Tränen aufgelöst saß ich in der Kirchenbank und Michis Patenonkel legte tröstend den Arm um mich.

Was für eine skurrile Situation: Um uns herum saßen so viele Menschen, die in den vergangenen Tagen für Tommi um ein Wunder gebetet hatten. Weil sie ihn aber nur von Fotos kannten und nicht wussten, dass er einen eineiigen Zwillingsbruder hat, mussten sie glauben: „Das Wunder ist passiert! Gestern war er noch im Koma und jetzt sitzt er hier und feiert mit uns Konfirmation!" Das Thema „P.S. – ich liebe dich" hatte bestimmt für viele Gottesdienstbesucher eine besondere Bedeutung. Unter anderem auch für Karins Schwester, die zu Michis Konfirmation kam.

Als ich am Montag für Tommi eine neue Arbeitsunfähigkeitsbescheinigung abholen wollte, durfte ich ihn wieder auf der Intensivstation besuchen. In den kommenden Tagen wurden die Medikamente, die Tommi ins künstliche Koma versetzt hatten, nach und nach heruntergefahren und er kam allmählich zu sich.

Nach diesen besonders aufregenden zwei Wochen war ich reif für eine Auszeit. Gerne nutzte ich die Gelegenheit, am Montag mit einer Freundin zum Entspannen in eine Therme zu fahren. Die Kinder waren währenddessen bei meinen Eltern und ich genoss die geschenkte Zeit. Ich fuhr rechtzeitig zurück nach Memmingen, damit ich Tommi abends noch besuchen konnte. Meine Freundin hatte ihm zu seinem bevorstehenden Geburtstag Post ins Klinikum geschickt, die ich an der Pforte abholen und ihm mit auf die Intensivstation bringen wollte.

„Tut mir leid," sagte der Pförtner, „auf der Intensivstation gibt es keinen Thomas Kahnert." Mir blieb fast das Herz stehen! Eine Welle von Panik erschütterte meinen inneren Frieden. Ich spürte: „Hab' keine Angst, alles ist gut!", während mein Verstand mir sagte: „Er ist nicht auf der Intensivstation! Etwas Furchtbares muss passiert sein und ich war den ganzen Tag nicht zu erreichen!"

Tatsächlich war Tom an diesem Tag auf die Normalstation verlegt worden. Dort feierten wir kurz darauf an einem wunderschönen Frühlingstag zu viert Tommis 42. Geburtstag! Ich hatte vom

Bäcker extra seinen Lieblingskuchen backen lassen mit der Aufschrift: „Wir haben es geschafft!"

Das kann ich nicht mehr mit ansehen

Dieses Frühjahr 2008 war wirklich eine unglaublich anstrengende Zeit: Wochen voller Sorgen, Angst, Entscheidungen – dazu der Abschied von Karin und Michis Konfirmation. Ich stand permanent unter Strom und war doch unendlich müde. So realisierte ich erst Ende Mai, dass mit mir etwas nicht stimmte. Meine Sehkraft hatte nachgelassen, mit meinen Augen war irgendetwas nicht in Ordnung. Zunächst erklärte ich mir das mit dem Stress der vergangenen Wochen und einer beginnenden Alterssichtigkeit. Bräuchte ich vielleicht eine Gleitsichtbrille?

Seit meiner Kindheit trug ich eine Brille, weil ich auf dem linken Auge nur eine Sehkraft von 40 % hatte. Jetzt sah ich auch auf dem rechten Auge ganz verschwommen und machte einen Termin beim Augenarzt. Anfang Juni stellte dieser fest, dass ich auf dem rechten Auge sogar nur noch 10 % sah. Welche Ursache dafür verantwortlich wäre, konnte er im ersten Moment noch nicht sagen. Ich saß auf dem Behandlungsstuhl, machte das linke Auge zu, um das rechte Auge zu testen – und sah: Nichts! Die größten Buchstaben und Zahlen konnte ich nicht sehen. Der Arzt testete verschiedene Gläser, doch ich sah immer noch nichts. So wurde klar, dass das mit einer Brille nicht auszugleichen wäre. Er würde mich jetzt als allererstes zum CT schicken, sagte er dann, um abzuklären, ob nicht irgendetwas im Kopf auf den Sehnerv drücke.

Ein Tumor in meinem Gehirn? Diese Aussage war wie ein Hammer für mich, doch zu dieser Zeit war ich schon so abgespalten von meinen Gefühlen, dass ich das zwar hörte, aber nur sagen konnte: „Bitte machen Sie einen Termin für mich aus, ich schaffe das nicht."

Es war ein Freitag, den Termin zum CT bekam ich für den nächsten Donnerstag. Am Montag sollte ich erst noch einmal zu einer speziellen Untersuchung zu ihm in die Praxis kommen.

Das folgende Wochenende war schrecklich, weil es Tommi furchtbar schlecht ging. Das Problem mit meinen Augen belastete mich kaum, doch Tommi machte sich große Sorgen, als ich ihm davon erzählte. Dass die Ursache ein Tumor sein könnte, der auf den Sehnerv drücke, schockierte Tommi fast mehr als mich, während ich mich nur um ihn sorgte. Am Montag stellte der Augenarzt dann fest, dass etwas an der Netzhaut nicht stimme. Den Termin zum CT sagte er ab und überwies mich stattdessen zur Abklärung der Ursache in die Uni-Augenklinik nach Ulm.

Zu der akuten Problematik meiner beeinträchtigten Sehkraft kamen noch wichtige Entscheidungen bezüglich Tommis weiterer Behandlung. Wir waren davon ausgegangen, dass mit der Operation alles erledigt wäre und Tommi nur zweimal im Jahr zur Kontrolle kommen müsste. Umso überraschter waren wir, als die Ärzte nach der Operation zu einer postoperativen Bestrahlung rieten. Den Tumor hatte man zwar komplett entfernen können, da er aber sehr groß und mit anderen Organen verwachsen gewesen war, musste er quasi ausgeschält werden wie eine Orange, so erklärten mir das die Ärzte.

Üblicherweise wird ein Tumor mit einem Zentimeter Sicherheitsabstand aus dem gesunden Gewebe herausgeschnitten, damit auch die Ränder komplett entfernt sind. Durch die Verbindung mit Herz und Lunge war dies aber nicht möglich. Daher sollten durch eine Bestrahlung wirklich alle möglichen noch vorhandenen

Zellen in den Rändern zerstört werden. Trotz dieser Erklärung fiel es uns schwer, die Notwendigkeit einer Bestrahlung zu akzeptieren. Nun erinnerte ich mich daran, dass Dr. Mayer, den ich auf der Gemeindefreizeit kennengelernt hatte, Onkologe war, also ein Facharzt für Krebserkrankungen. Als ich ihn Anfang Juni 2008 in einem Familiengottesdienst traf, sprach ich ihn an. „Herr Dr. Mayer, darf ich Sie mal was fragen?" Er sagte erstmal, er sei der Mayer, Martin. „Hallo Heike!" Ich erzählte ihm von Tommis OP, und dass wir nicht ganz verstünden, warum eine Bestrahlung stattfinden sollte, wenn der Tumor doch gutartig war.

„Ah, Thomas Kahnert!" Den Namen hatte er schon gehört, wir sollten doch bitte am Donnerstag um halb zwei in seine Praxis kommen.

Als wir Martin Mayer dann in der Praxis begegneten, war das zwischen Tommi und ihm Sympathie auf den ersten Blick. Über die im Klinikum üblichen Tumorkonferenzen, wo Chirurgen, Onkologen, Radiologen und Histologen über einen Befund und das weitere Vorgehen diskutieren, war Dr. Mayer bereits über die Diagnose und Behandlungsempfehlungen informiert worden.

Er hätte sich von sich aus in den nächsten Tagen mit uns in Verbindung gesetzt, ich war ihm praktisch zuvorgekommen. Was wir nun von ihm erfuhren, war ein großer Schock und zog uns fast den Boden unter den Füßen weg.

Im Nachhinein gesehen, bin ich froh, dass wir bis zu diesem Zeitpunkt davon ausgegangen waren, dass es sich um einen gutartigen Tumor handelte, den man operierte und der komplett entfernt wurde. Erst durch die Erklärungen von Martin Mayer konnten wir die ganze Tragweite begreifen: Ein Thymom kann ganz viele verschiedene Stufen haben. Die Stufe B3, die man bei Tommi diagnostiziert hatte, bedeutete, dass der Tumor tatsächlich schon bösartig war, und dass man nach der Operation einer Rückkehr der Krebszellen entgegenwirken musste.

Er unterstützte also die geplante Bestrahlungstherapie und empfahl auch eine postoperative Chemotherapie, wir sollten uns das überlegen. Tommi fühlte sich von Anfang an bei Dr. Mayer so gut aufgehoben, dass er ihm vollstes Vertrauen schenkte und möglichst alles tun wollte, um geheilt zu werden.

Nun ging es also erst richtig los. Zunächst hatten wir ein Aufklärungsgespräch zur Bestrahlungstherapie beim Radiologen. Doch als dieser nun durch die Befunde erkannte, wie groß das Bestrahlungsgebiet sein müsste, winkte er sofort ab: Eine solche Fläche zu bestrahlen sei unmöglich, weil Herz und Lunge so geschädigt würden, dass Tommi das nicht überleben würde. Es blieb also nur die Möglichkeit einer Chemotherapie.

Ich weiß noch, wie wir bei Dr. Mayer waren, um den Aufklärungsbogen Wort für Wort durchzusprechen, den Tommi dann unterschreiben sollte. Mir ging es dabei total schlecht. Zu schrecklich war die Erinnerung an die Aufklärungsgespräche vor der OP beim Chirurgen und beim Anästhesisten. Da waren wir auch über alle möglichen Komplikationen informiert worden, wie zum Beispiel, dass man vom Nadellegen einen Abszess bekommen könnte. Von all dem, was dann nach der OP kam, hatte in den Aufklärungsbögen nichts gestanden: Organversagen, Intensivstation und künstliches Koma. Statt der eineinhalbstündigen Erklärungen hätte es gereicht zu sagen: „Nach so einer schweren Operation sind die ersten Tage absolut kritisch. Das Problem ist nicht die OP, die geht meistens gut, schwieriger sind mögliche postoperative Komplikationen."

Nun machte mich die Vorstellung, welche Nebenwirkungen die Chemotherapie haben könnte, völlig fertig. „Ich will das nicht hören!", sagte ich. „Das musst du unterschreiben! Ich will das alles gar nicht wissen. Es kommt sowieso, wie es kommt." Ich musste raus aus diesem Raum. Das war das erste Mal, dass ich eine Grenze setzte, um mich selbst zu schützen. „Es ist seine Krankheit, sein Schicksal! Es sind seine Entscheidungen! Ich kann das nur mittragen, aber ich muss nicht alles wissen." Im Prinzip war das eine sehr wesentliche Erkenntnis für mich und die richtige Einstellung zu seiner Krankheit. Andererseits konnte ich dann später die tatsächlich auftretenden Nebenwirkungen der Chemotherapie oft nicht richtig einordnen, weil ich den Aufklärungsbogen nicht gelesen hatte.

Anfang Juli fand der erste von den vier geplanten Chemozyklen statt, die im Abstand von zwei bis drei Wochen jeweils drei Tage dauern sollten. Das war eine schwere Zeit, die aber auch ihre heiteren Momente hatte. Unser jüngster Sohn Philipp begleitete seinen Papa gerne in die Tagesklinik, wo sie auch zusammen zu Mittag aßen. Das war manchmal ziemlich witzig, weil Tommi oft Gelüste nach speziellen Speisen hatte. Einmal hatte er Lust auf eine Fischsemmel und ich eilte zum nächsten Supermarkt. Doch als er diese vor der Nase hatte, wurde ihm übel, und es gelüstete ihn spontan nach einer Schwarzwälder Kirschtorte. Schmunzelnd sagte er zu mir: „Jetzt weiß ich, wie du dich während der Schwangerschaft gefühlt hast."

Man denkt vielleicht, der Haarverlust durch die Chemo sei für Männer nicht so schlimm wie für Frauen. Aber es betrifft ja nicht nur die Haare auf dem Kopf! Alle Haare fallen aus, also auch die Augenbrauen, die Wimpern, die Achselhaare, die Schambehaarung – Tommis Körper war so nackt und seine Haut so glatt, wie die eines Babies. Dennoch gehörten diese Veränderungen zu den weniger schlimmen Nebenwirkungen. Während der ersten Chemozeit, war uns gar nicht bewusst gewesen, wieviel Gift da in Tommis Körper floss. Durch die Chemotherapie war sein Immunsystem so geschwächt worden, dass er gleich nach dem ersten Zyklus eine Gürtelrose bekam.

Nachdem im Anschluss an die zweite Chemotherapie eine Thrombose im Unterschenkel auftrat, und wir auch einmal wegen unklarer starker Schmerzen am Wochenende in die Notfallklinik mussten, wurde ich immer angespannter.

Wir dachten ja, mit der Operation wäre alles gut und die Chemo eine reine Vorsorgemaßnahme, um ein Rezidiv auszuschließen. Doch nun bekam ich schreckliche Angst und war permanent auf das Schlimmste gefasst.

Wenn meine Kinder oder Tommi nicht zu Hause waren und ich irgendwo ein Martinshorn hörte, passierte es sogar, dass ich im Krankenhaus anrief, um nachzufragen, ob sie dort eingeliefert wurden. Ich konnte nicht abschalten, nicht loslassen. Kam jemand nur fünf Minuten zu spät nach Hause, dachte ich sofort, es sei etwas Schreckliches passiert! Das war furchtbar belastend!

Auf der Suche nach Ablenkung ging ich einmal zum Stöbern in unseren christlichen Bücherladen. Dabei ergab es sich, dass ich der Inhaberin von Tommis Krankheit erzählte. Als ich ihr meine Sorgen anvertraut hatte, war sie so bestürzt, dass sie mich, obwohl wir uns kaum kannten, spontan in den Arm nahm. Gemeinsam beteten wir für ihn und sie fand ein wunderschönes Bild für das Gift der Chemotherapie: Jeder Tropfen, der da in Tommi reintröpfelt, möge ein Tropfen von Gottes Liebe sein, die ihn heile und verändere.

Mitte Juli konnte Tommi mich zu meinem Termin in der Augenklinik der Universität in Ulm begleiten. Dort erhielt ich nach stundenlangen Untersuchungen den Befund juvenile Makuladystrophie. „Es tut uns leid, wir können nichts für Sie tun. Aber vollständig erblinden werden Sie nicht." In diesem Augenblick konnte ich die Tragweite dieser Aussage kaum erfassen.

Ich konnte immer nur denken: „Daran stirbt man nicht. Das ist halt so, damit kann ich leben!" Tommi war allerdings zutiefst besorgt bei der Vorstellung, dass seine Frau eine Augenkrankheit hat, die sie nie wieder normal sehen lassen würde. In den folgenden Tagen fragte er mich immer wieder, ob ich keine Angst vor meiner Zukunft hätte. Auch ihm gegenüber war meine Antwort: „Daran stirbt man nicht!" Diese Einstellung hatte ich die ganzen Jahre über, in denen es keine Zeit und keinen Raum gab, meine wahren Gefühle zuzulassen und um meine verlorene Sehkraft zu trauern.

Urlaub auf dem Hausboot

Unter dem Schock der allerersten Diagnose im März hatte Tommi dringend nach einem Halt gesucht, irgendeinem Ziel, das ihm Kraft und Lebensfreude geben würde. So buchten wir schon zwei Tage später einen Urlaub für August. Zusammen mit einer befreundeten Familie wollten wir eine Woche auf einem Hausboot in Frankreich verbringen. Mittlerweile war klar, dass diese Reise zwischen dem 3. und 4. Zyklus der Chemotherapie liegen würde.

Doch nach der Tortur der ersten beiden Chemozyklen, mit heftigen Nebenwirkungen wie Gürtelrose und Thrombose, war ich so voller Angst, dass mir klar wurde: Wir werden unmöglich in sechs Wochen in Urlaub fahren können! Die Vorstellung in einer solchen

Situation auf einem Hausboot in Frankreich zu sein, einen Notarzt zu brauchen, nicht zu wissen, wo die nächste Klinik ist und kein Wort Französisch zu können, überforderte mich dermaßen, dass ich beschloss: „Wir sagen alles ab!"

Tommi hatte zwar Verständnis für meine Sorgen, war aber dennoch furchtbar enttäuscht. Die Situation zu Hause wurde immer angespannter. Während für mich allein der Gedanke an diese Reise zu einer großen Belastung wurde, brauchten Tommi und die Jungs diesen Urlaub ganz dringend. Michi war in dieser Zeit ganz erstarrt, aber der 12-jährige Philipp beschwerte sich heftig. „Nur weil meine Mutter hypochondrisch ist, lasse ich mir doch den Urlaub nicht vermiesen!" Dennoch war ich fest entschlossen, am nächsten Morgen im Reisebüro anzurufen und den Urlaub zu stornieren.

In der kommenden Nacht war ich extrem unruhig. Immer wieder schlief ich ein, träumte etwas, wachte auf – schließlich holte ich mir Zettel und Stift, um die einzelnen Traumsequenzen aufzuschreiben. So ging das mehrere Male. Ich hatte mich immer schon mal gewundert, warum ich mich an die ersten sieben Jahre meines Lebens nicht erinnern konnte. Nun erkannte ich, dass Gott mich in diesen Träumen in bunter Reihenfolge an verschiedene Situationen meines Lebens erinnerte, in denen ich furchtbare Angst gehabt hatte, die aber doch immer gut ausgegangen waren.

Eine Station war meine Geburt: Noch einmal erlebte ich die panische Angst bei meiner Geburt, weil ich „verkehrt herum" im Mutterleib lag und mit den Füßen zuerst auf die Welt kam. Träumend erlebte ich mich wieder als Fünfjährige, wie ich im Kindergarten mit den Beinen an einem Gerüst hängend schaukelte. Ein Kind kippte meine Beine weg, so dass ich auf den Boden fiel und heftig nach Luft ringend Panik bekam.

In einer anderen Sequenz war ich wieder sieben Jahre alt: Ich stehe nachts am Fenster, höre den Alarm am Fliegerhorst, wo mein Vater gerade zur Nachtschicht ist. Wie alle paar Wochen fliegen Starfighter über die Stadt. Weil ich nicht weiß, was mein Vater dort arbeitet, und dass das nur eine Übung ist, mache ich mir große Sorgen um ihn.

Eine andere Traumsequenz erinnerte mich daran, wie ich als 13- oder 14-Jährige zu Hause bleiben durfte, während meine Eltern einen Tag am Bodensee waren. Als sie nicht zur verabredeten Zeit nach Hause kamen, war ich mir sicher: „Es ist etwas passiert, die kommen nicht mehr heim! Vielleicht sind sie tot." Da es damals noch keine Handys gab, konnten sie mir nicht Bescheid sagen, dass sie wegen eines Unfalls mehrere Stunden im Stau standen.

So führte mich mein Traum durch eine Station nach der anderen. Ich schlief ein, durchlebte die geträumte Situation, wachte auf und machte mir Notizen. Am nächsten Tag konnte ich mit Tommi darüber sprechen.

Dabei erkannte ich, wie Gott in all diesen Situationen am Wirken war und es immer zum Guten werden ließ. Das half mir, meine Angst vor dem geplanten Urlaub zu überwinden: Gott würde dabei sein, er würde für uns sorgen. Zuversichtlich verkündete ich meiner Familie: „Und wir fahren doch in diesen Urlaub!"

Als es dann im August soweit war, hatte Tommi die dritte Chemotherapie hinter sich und diesmal waren keinerlei Nebenwirkungen aufgetreten. Es ging ihm so gut, dass er selbst mit dem Auto nach Frankreich fahren konnte und auch dort das Hausboot steuerte. Der Urlaub war wunderschön und tat uns allen gut. Wir genossen das traumhafte Wetter, die entspannte Zeit als Familie und die Ablenkung von unseren Sorgen. Ohne die Erfahrungen und die tröstliche Erkenntnis dieser besonderen Nacht, wäre das wohl alles nicht möglich gewesen.

Zum Abschluss dieses Sommers erlebte ich ein paar Wochen später wieder einmal ein ganz besonderes Erntedankfest.

Am Tag davor hatte Tommi vorgeschlagen, bei diesem herrlichen Oktoberwetter am Sonntag einen schönen Ausflug mit den Kindern zu machen und irgendwo in die Berge zu fahren.

„Ja, das können wir machen," sagte ich und fügte entschlossen hinzu: „Aber erst nach dem Gottesdienst! Ich möchte morgen in den Erntedankgottesdienst gehen und noch einmal daran denken, was uns dieses Jahr gebracht hat. Ich bin so dankbar, dass du lebst, und dass es dir gut geht. Es ist mir ein Bedürfnis, ich muss morgen in den Gottesdienst!"

Zu meiner Überraschung sagte Tommi einfach: „Okay! Ich komme mit. Lass uns zusammen da hingehen - und danach machen wir einen Ausflug." Das war das allererste Mal, dass wir gemeinsam in einem Gottesdienst waren – ich werde nie vergessen, wie sehr ich mich darüber freute.

Dieses Jahr endete dann für uns mit einem besonders schönen Weihnachtsfest und einem dankbaren Erinnern an die Jahreslosung 2008, die lautete: „Jesus Christus spricht: Ich lebe und ihr sollt auch leben" (Johannes 14, Vers 19). Die Erfüllung dieser Zusage hatten wir in diesem Jahr erleben dürfen. An Silvester verschickten wir dann an die 100 selbst gestaltete Neujahrsgrüße an unseren großen Freundeskreis.

Auf die Rückseite schrieben wir die Jahreslosung für 2009: „Was bei den Menschen unmöglich ist, ist bei Gott möglich." (Lukas 18, Vers 27). Dieser Spruch schenkte uns Mut und Zuversicht für das, was das neue Jahr uns bringen würde.

4. Weiterleben

Sorgt euch nicht, denn ich sorge für euch

Nach der vierten Chemotherapie war, wie üblich, eine Reha beantragt worden, bei der unter anderem entschieden werden sollte, inwieweit Tommi noch arbeitsfähig wäre. Im Januar 2009 durfte ich ihn dann für zwei, der fünf Wochen, zur Reha in Isny begleiten.

Um herauszufinden, warum er so kurzatmig war und so schnell ermüdete, obwohl es ihm ansonsten recht gut ging, schickte man ihn von Isny aus für eine Woche in die Lungenfachklinik nach Wangen. Dort stellte man fest, dass das Zwerchfell, das sich normalerweise bei jedem Atemzug hebt und senkt, bei Tommi überhaupt nicht mehr arbeitete. Auf der linken Seite funktionierte das Zwerchfell nicht mehr, weil der dafür zuständige Nerv, der durch den Tumor verlief, bei der Operation entfernt werden musste. Nun erkannte man, dass auch das Zwerchfell auf der rechten Seite nur noch circa zehn Prozent aktiv war. Die Ursache für diese Schwächung blieb weitgehend unklar. Man vermutete entweder die Nachwirkung einer früheren schweren Rippenfellentzündung oder, dass der Nerv bei der Operation zur Entfernung des Tumors durch das Aufspreizen des Brustkorbs verletzt wurde. Klar war nur, dass diese Schädigung irreparabel war und er mit dieser Kurzatmigkeit leben musste.

Durch Krankengymnastik und Atemtherapie lernte Tommi dann allmählich die Zwischenrippenmuskulatur zum Atmen zu nutzen. Dennoch erschöpfte er seither sehr schnell und musste sich etwa alle zwei bis drei Stunden ausruhen. Das wiederum bedeutete, dass er nicht mehr arbeitsfähig sein würde. 100 % erwerbsunfähig mit 42 Jahren! Wie sollten wir in Zukunft von einer staatlichen Erwerbsunfähigkeitsrente eine Familie mit zwei Kindern ernähren?

„Sorgt euch nicht, denn ich sorge für euch!", so kann man den Vers in Matthäus 6, Vers 26 verstehen, in dem es um die Vögel auf dem Felde geht. Dass Gott schon lange im Voraus für uns gesorgt hatte, obwohl wir beide zu diesem Zeitpunkt noch nicht gläubig waren, durften wir nun erleben: Tommi hatte sich mit 18 Jahren zum Abschluss einer Lebensversicherung überreden lassen. Damit verbunden war auch eine Berufsunfähigkeitsversicherung. Das war zwar nicht ganz billig gewesen, aber auf diese Weise konnte im Laufe der Jahre einiges zusammengespart werden.

Zweimal hätten wir diese Versicherung beinahe gekündigt: Das erste Mal zur Finanzierung unserer Hochzeit, was dann aber doch nicht nötig war, und später, als ich mit Philipp schwanger war, um eine neue Kinderzimmereinrichtung zu kaufen. Bis dahin berücksichtigten wir bei unseren Überlegungen immer nur die Lebensversicherung, die ausbezahlt werden könnte, wenn Tommi 50 Jahre alt sein würde. Der Versicherungsvertreter rechnete uns dann aber aus, dass sich das nicht rentieren würde, die ausgezahlte Summe würde weit unter dem liegen, was wir einbezahlt hatten, oder dem, was wir bei einer guten Anlage mit dem Geld hätten erzielen können. So beschlossen wir, die Versicherung weiterlaufen zu lassen.

Als nun die Erwerbsunfähigkeit attestiert wurde, entpuppte sich die integrierte Berufsunfähigkeitsversicherung als wahrer Segen für uns. Dank dieser privaten Versicherung ging es uns finanziell genauso gut wie zu der Zeit, als mein Mann Vollzeit arbeitete. Dieses finanzielle Polster war ein Segen ohne Ende. Danke an diesen Versicherungsvertreter – und Danke an Gott, der schon zu Tommis 18. Geburtstag so gut für uns vorsorgte und uns immer im rechten Moment daran hinderte, diese Versicherung zu kündigen.

Neue Prüfungen und große Dankbarkeit

Zu Tommis Reha in Isny war ich noch selbst mit dem Auto hin und nach zwei Wochen wieder zurückgefahren. Aber ich merkte damals schon, dass ich mich aufgrund meiner schlechten Augen sehr unsicher dabei fühlte. Als ich dann im April wieder beim Augenarzt war, stellte er fest, dass das rechte Auge seit dem Schock nach wie vor nur 10 %, nun aber auch das linke, schon immer schwache Auge, nur noch 20 % Sehkraft hatte.

Ich erinnere mich genau, wie ich in diesem Sprechzimmer auf dem Untersuchungsstuhl saß und der Arzt ganz nüchtern verkündete: „Also Frau Kahnert, es gibt zwar kein Gesetz, dass Sie den Führerschein abgeben müssen, aber ich möchte Sie darauf hinweisen, dass es dennoch sinnvoll wäre. Mit dieser Sehstärke würden Sie aus juristischen Gründen heute keine Fahrerlaubnis mehr bekommen."

Im ersten Moment machte mich das unglaublich traurig, weil ich spürte, dass mit meinen 43 Jahren ein Lebensabschnitt schon unwiederbringlich zu Ende war. Ab sofort würde ich nie wieder hinter einem Steuer sitzen. Andererseits wirkte diese klare Ansage auch erleichternd, ich hatte ja bereits selbst seit einiger Zeit gemerkt, wie unsicher ich beim Autofahren war. Ich durfte es nicht mehr und ich tat es nicht mehr, weil ich nicht schuld daran sein wollte, dass meinen Mitmenschen etwas passiere. So hielten sich Trauer und Erleichterung die Waage.

Auch für Tommi wurde die Zeit nach der Reha in Isny eine Herausforderung. Wir kannten nun nicht nur die Ursache für seine Kurzatmigkeit. Wir lernten auch, dass der in der Familie bereits bekannte Gendefekt MEN I nicht, wie bisher angenommen und regelmäßig untersucht, nur die Nebenschilddrüse betreffen könne.

Da auch alle anderen Drüsen entarten können, wurde Tommi zur weiteren Abklärung an die Endokrinologie in Illertissen überwiesen.

Während die routinemäßige Computertomographie zehn Monate nach seiner Operation ohne Befund gewesen war, erfuhren wir ausgerechnet an Tommis Geburtstag, dem 14. Mai 2009, dass man bei einem umfangreichen Screening neue Herde im Brustkorb gefunden hatte. Ein paar Tage später ergab die genauere Untersuchung, dass es sich um einen knapp 3 cm großen Tumor unterhalb des Schlüsselbeins handelte.

Im Juli 2009 war Tommi dann zu seiner zweiten OP im Memminger Klinikum. Wegen der geringen Größe sollte der Tumor endoskopisch entfernt werden und Tommi sich anschließend einer Bestrahlungstherapie unterziehen. Bei der Operation traten allerdings Komplikationen auf, die eine schnelle Öffnung des Brustkorbes erforderten. Es kam zu inneren Blutungen, so dass Tommi auf die Intensivstation verlegt werden musste. Wir hatten mit einem kleinen Eingriff gerechnet und nun dies! Als ich davon erfuhr, war ich wie gelähmt und brachte vor Schreck eine Weile kein Wort mehr heraus.

Von den Erfahrungen mit der Intensivstation bei Tommis erster OP war ich dermaßen traumatisiert, dass ich es diesmal nicht fertigbringen würde, die Intensivstation zu betreten. Zum Glück war das gar nicht nötig, da es Tom am nächsten Tag schon so gut ging, dass er auf die Normalstation verlegt werden konnte.

Dennoch nahm ich umgehend Kontakt mit Frau Dr. Frey auf, einer Psychotherapeutin für Trauma- und Trauertherapie, deren Nummer ich mir schon einige Zeit vorher herausgesucht hatte. Ab Ende Juli arbeitete sie mit mir in drei bis vier Sitzungen an meinem Trauma mit der Intensivstation. Schon bald vermuteten wir einen Zusammenhang zwischen den Erfahrungen bei Tommis erster Operation und dem Verlust meiner Sehkraft.

Frau Dr. Frey wunderte sich, dass ich an die ersten sieben Jahre meiner Kindheit keinerlei Erinnerungen habe. Was ist da passiert, das so abgespalten werden musste? Kannte ich die Gefühle, die die Intensivstation bei mir auslösten, schon von früher? Die Bedrohung, die Todesangst, dem Tod in die Augen zu schauen?

Im späteren Verlauf der Therapie konnte ich mich an ein sehr frühes Trauma erinnern, und zwar nicht nur, weil ich das aus Erzählungen meiner Eltern kannte. Ich konnte es wieder sehen und fühlen. In dieser Sitzung und auf dem Weg nach Hause konnte ich für einen Moment wieder klar sehen. Das gab mir neue Hoffnung, dass ein Wunder geschehen und meine Augen wieder gesund werden könnten.

Ein Wunder durfte ich aber auch schon im Herbst dieses schwierigen Jahres erleben: Am Erntedankfest 2009 trat Tommi mit mir wieder in die Kirche ein!

Ende des vergangenen Jahres waren wir von Bekannten in ihren Hauskreis eingeladen worden. Als Tommi sagte, er wolle mit mir da hingehen, war ich total überwältigt. Während ich früher bereits in einem Hauskreis gewesen war und gerade versuchte, einen reinen Frauenhauskreis ins Leben zu rufen, als Tommis Krankengeschichte begonnen hatte, war das für ihn ja eine völlig neue Erfahrung.

Bis zu seinem Nahtoderlebnis war Tommi ein überzeugter Atheist gewesen, doch diese besondere Erfahrung machte ihn neugierig. Er las Bücher von Menschen, die ähnliches erlebt hatten und sein so rational geprägter Verstand konnte sich öffnen für eine anders erfahrbare Welt.

Was er während seiner Nahtoderfahrung im Koma tatsächlich erlebt hatte, erzählte Tommi später der Teilnehmerin eines Seminars im Allgäu: Er sagte, dass er vor dieser Krankheit ganz andere Werte in seinem Leben gehabt hatte, und dass er aufgrund seines Erlebnisses in der „jenseitigen Welt" überhaupt keine Angst mehr vor dem Tod habe. Er sei dort auf eine unvorstellbar schöne Weise „willkommen" geheißen worden. Vielen bereits vor ihm verstorbenen Menschen sei er begegnet, auch Kinder waren um ihn herum. Niemand war einsam oder allein!

Wesen wie „Engel" hätten Fragen zu seinem Leben gestellt und ihn liebevoll durch eine Rückschau geführt. Er wollte gar nicht mehr auf die Erde zurück, aber er hörte, dass er noch eine Aufgabe zu erfüllen habe, nämlich den Menschen von seinen Erfahrungen zu berichten und ihnen die Angst vor dem Tod zu nehmen. Ein bisschen zumindest.

Bei einer anderen Gelegenheit berichtete er ein weiteres Detail seiner Nahtoderfahrung: Nicht nur Licht und Frieden habe er dabei erlebt, sondern sich auch in einer Art Slum auf einer Bank sitzend wahrgenommen. Das Leben zog an ihm vorbei und er sah das ganze Elend dieser Welt. Doch um ihn herum waren viele Menschen, auch Kinder, die Frieden und Freude ausstrahlten. Er fühlte sich selbst wie ein Kind und wollte dort gar nicht mehr weg. Dann stand eine Person vor ihm, reichte ihm die Hand und sagte: „Thomas, ich helfe dir auf!"

Diese existentielle Erfahrung bewirkte in Tommi eine tiefgreifende Veränderung. Nun stand er dem Glauben an Gott nicht mehr verständnislos und abwehrend gegenüber, vielmehr verspürte er bald den intensiven Wunsch, nun wirklich offiziell zur Gemeinde zu gehören.

Während ich in unserem Kircheneintritt einen rein formalen Akt sah, war er für Tommi eine ganz besondere Erfahrung! Zum ersten Mal stand er in der Sakristei und trug sich ehrfurchtsvoll in das große, uralte Buch ein. Mit dem Thema Kirchensteuer hatte er nun keine Probleme mehr, im Gegenteil, er übernahm in der Gemeinde die Leitung des Bereichs Finanzen und setzte sich mit aller zur Verfügung stehenden Energie dafür ein. Irgendwann in dieser Zeit war es wohl gewesen, dass aus „Tommi" für mich „Tom" wurde. Er bezeichnete sich nun oft selbst als „Thomas". Zu diesem gereiften Menschen passte „Tommi" einfach nicht mehr.

„Ich werde nicht sterben, sondern leben und des Herrn Werke verkündigen" (Psalm 118, Vers. 17)

Nach der Bestrahlungstherapie im Herbst und einer weiteren Reha in Isny litt Tom weiterhin permanent unter heftigen Schmerzen. Wie froh und erleichtert waren wir aber, als eine Computertomographie im Februar 2010 keinen Nachweis auf Rezidive erbrachte. Wir waren so glücklich und sahen die schönsten Wochen vor uns liegen.

Tom war eingeladen worden, als Referent bei einem Alpha-Kurs in der Frauenkirche über Jesus zu sprechen. Seit seiner zweiten Operation war seine Stimme zwar aufgrund einer linksseitigen Stimmbandlähmung für immer verändert, doch mit Hilfe eines kleinen Gerätes, das seine Stimme verstärkte, konnte er sich gut verständlich machen.

„Heilt Gott auch heute noch?" – das war das Thema von Toms Vortrag, den er später auch zusammen mit mir mehrmals mit Leidenschaft hielt. Unsere Antwort auf diese Frage lautete logischerweise: „Gott heilt natürlich nicht, sonst würden hier nicht ein schwer Krebskranker und eine halb Blinde stehen." Und dann führten wir aus, inwiefern Gott eben doch heilt. An dem Abend seines Vortrages fühlte Tom sich in dieser Gemeinschaft so wohl, dass er als Gast des Alpha-Kurses dabeiblieb und Mitte März auch mit auf das Wochenende ins CVJM-Haus am Starnberger See fuhr. Dort musste irgendetwas mit ihm geschehen sein, denn er kehrte komplett verändert von diesem Wochenende zurück. Er hatte einen tiefen Frieden gefunden und man spürte, wie sehr er vom Heiligen Geist erfüllt war. Es war unfassbar: Nachdem Tom so lange vom Glauben nichts wissen wollte, dann aber auf der Intensivstation Jesus kennengelernt hatte, war er nun durch die Erfahrungen dieses Wochenendes voll entbrannt! Und das war gut so, denn Gott wusste, was noch alles auf uns zukommen würde.

In den Osterferien waren wir mit unseren Jungs in einem geliehenen Wohnmobil unterwegs. Dabei entdeckten wir in Rothenburg ob der Tauber einen Laden mit lauter Rittersachen. Das interessierte Philipp ganz besonders. Er schrieb schon immer gerne Geschichten und Deutsch war sein Lieblingsfach. Bald würde sein Traum vom ersten Buch wahr werden, das im Mittelalter spielen würde, dafür machten wir in diesem Laden schon einmal ein Foto von ihm in einem Kettenhemd. Wir hatten eine tolle Zeit miteinander!

Kurz darauf stand die nächste Computertomographie an. Das war reine Routine, denn Tom ging es sehr gut.

Es ist der 12. April 2010. Wir stehen in diesem dunklen Zimmer und hören, wie die Ärztin zu uns sagt: „Ich habe schlechte Nachrichten: Der ganze Brustraum ist voller Metastasen. Da drin sieht es aus wie ein Streuselkuchen." Wir sind starr vor Schreck. Tom kann nur stammeln: „Ja, und jetzt? Und jetzt?" Die Ärztin sagt so etwas, wie: „Jetzt kann man wohl nichts mehr machen. Machen Sie sich einfach noch ein paar schöne Wochen." Völlig verstört verlassen wir die Radiologie. Im gleichen Gebäude befindet sich die Praxis von Dr. Mayer, unserem vertrauten Onkologen. Wir schwanken hinauf und lassen uns auf der roten Couch bei der Rezeption nieder. Tom ist wie erstarrt und ich liege heulend an seiner Schulter. Die Angst, diese grässliche Angst! Ist das jetzt das Ende? Dr. Mayer nimmt sich immer viel Zeit für seine Patienten, also werden wir lange warten müssen. Dennoch ist es gut und tröstlich, jetzt hier zu sitzen. Irgendwann ruft man uns ins Sprechzimmer. Kurz darauf holt Dr. Mayer persönlich den Befund aus der Radiologie. Zunächst weiß auch er nicht, was er sagen soll, und nimmt uns einfach in den Arm. Sein Da-Sein, seine Stimme, beruhigen uns etwas und geben uns ein bisschen Zuversicht.

Kurz darauf bekamen wir die Empfehlung für eine weitere Abklärung und mögliche Behandlung in der Uni-Klinik in Regensburg. Mit etwas Hoffnung im Herzen fuhren wir auf das Gemeindewochenende, wo Philipp zusammen mit Tom vor mehr als 100 Leuten eine erste Lesung seines Buches veranstaltete.

In drei großen Kisten waren seine Bücher geliefert worden, und weil wegen eines Virus' keine Schule war, hatte Philipp sie sogar persönlich in Empfang nehmen können. Wie stolz er da im Wohnzimmer saß und sein Werk in Händen hielt!

Die spannende Geschichte mit dem Titel „Contrani – Selig sind die, die da Leid tragen" endet damit, dass die Witwe mit beiden Söhnen am Sarg steht und mit erhobenen Händen sagt: „Danke! Gelobt sei Gott!"

Am Tag darauf, dem 27. April, brachte uns ein Bekannter zum ersten ambulanten Termin in die Uni-Klinik in Regensburg, wo alles genau besprochen und erörtert wurde. Schon für Anfang Mai war Toms dritte OP geplant und wir wurden darauf vorbereitet, dass die Chance diese Operation zu überleben nur bei 50 % lag. Am 9. Mai sollte aber Philipps Konfirmation sein, und die Vorstellung noch einmal eine Konfirmation zu erleben, während Tom auf der Intensivstation oder im Koma lag, war zu viel für mich. Daher getraute ich mich zu fragen, ob man wichtige Zeit verlieren würde, wenn man die Operation um zehn Tage verschiebe. Ich bin Tom heute noch dankbar, dass er sich darauf einließ, obwohl er es so schnell wie möglich hinter sich bringen wollte. So konnten wir diese Konfirmation gemeinsam erleben. Philipp trug einen weißen Anzug. Tom, Michi und ich waren an seiner Seite. Es war wunderschön!

Dennoch belastete uns die Aussicht, dass Tom am Tag darauf wieder nach Regensburg gehen musste. Würde er von dort noch einmal nach Hause kommen?

Nach dieser wunderschönen Konfirmation schliefen wir noch einmal in unserem neuen Schlafzimmer, das der Schreiner auf meine Bitte hin, ein paar Tage früher als geplant, aufgebaut hatte. So verbrachten wir eine Nacht voller Innigkeit und tiefem Schmerz, weil wir nicht wussten, ob es die letzte Nacht in diesem Bett sein würde.

Am nächsten Morgen wurde Tom von seinem Zwillingsbruder nach Regensburg gefahren. Ich entschloss mich, nicht mitzufahren. Zum einen zu meinem eigenen Schutz, weil mir die Kraft dafür fehlte. Und zum anderen, weil ich mir so sehr wünschte, dass die zwei Brüder nochmal ein paar Stunden miteinander verbringen und intensive Gespräche führen könnten. Ich kann mich kaum erinnern, was ich an diesem Tag zu Hause machte, außer immer wieder Gott anzuflehen, es möge ein Wunder geschehen.

Während am Dienstag in Regensburg die Vorbereitungen für Toms Operation am Mittwoch liefen, hatte ich einen Termin bei meiner Therapeutin Frau Dr. Frey. Im Gespräch mit ihr wurde mir klar: „Ich muss vor Ort sein, wenn Tom aus der Narkose erwacht! Wenn dann wieder Komplikationen wie nach der ersten Operation auftreten und ich in Memmingen bin, schaffe ich es nicht, rechtzeitig bei ihm zu sein." Schnell organisierte ich alles Nötige, um am Mittwoch irgendwie nach Regensburg zu kommen. Meine Cousine Sabine, die zu diesem Zeitpunkt drei Teenagerkinder hatte, ließ für mich alles stehen und liegen, um mich nach Regensburg zu begleiten! Ich bin ihr heute noch von ganzem Herzen dankbar dafür! Ohne sie hätte ich das nicht geschafft, ohne sie hätte ich diese Tage nicht überstanden.

Am nächsten Morgen ging es los: Mein Vater und mein Onkel brachten uns in Papas Wohnmobil nach Regensburg. Auch Michi war dabei. Alles fühlte sich so unrealistisch an.

Unterwegs erinnerte ich mich daran, dass meine Tante im Gebet am Morgen einen tröstenden Spruch bekommen hatte: „Ich werde nicht sterben, sondern leben und des Herrn Werke verkündigen" (Psalm 118, Vers 17).

Hatten wir nicht auch am Tag vor seiner zweiten OP durch die Postkarte einer uns unbekannten Frau, die von Toms Schicksal gehört hatte, die tröstende Zusage aus Johannes 11, Vers 4 erhalten? „Diese Krankheit führt nicht zum Tod. Sie dient dazu die Herrlichkeit Gottes zu verkündigen". Und vor der ersten Operation erhielten wir durch die Geschichte mit Karin die Gewissheit „Alles wird gut!". Diese Zusagen drangen in dem Moment aber nicht wirklich zu mir durch. Ich stand völlig neben mir und war zerrissen zwischen dem Bemühen zu funktionieren und der Angst, Tom nicht lebendig wiederzusehen. Schließlich stellten wir das Wohnmobil auf dem Parkplatz des Klinikums ab, wo es für zwei bis drei Tage unser Domizil sein sollte.

Während Vater, Onkel und Michi mit dem Zug nach Hause fahren, sitze ich mit Sabine auf einer Bank vor der Klinik und telefoniere mit der Intensivstation. Man sagt mir, Tom läge immer noch im OP, die Operation dauere länger als geplant. Aber ich erfahre nicht warum. Wie sitzen hier und Kälte ergreift mein Herz. Was passiert da gerade? Werde ich Tom wiedersehen? Oder wird er gar nicht mehr aufwachen?

Erst gegen Abend erfuhr ich, dass man bei der Operation festgestellt hatte, dass auch Toms Herzbeutel voller Metastasen war. Er wurde entfernt und durch einen Rinderherzbeutel ersetzt. Die Operation war gelungen, Tom lag nun auf der isolierten Intensivstation und seine Vitalfunktionen an den Maschinen waren stabil.

An diese Stunden und den nächsten Tag kann ich mich kaum erinnern. Ich weiß nur, dass Sabine und ich wegen der Kälte an diesem 13. Mai in die Therme gingen, um uns aufzuwärmen. Ich gab dem Kassierer mein Handy und bat ihn, mich auszurufen, wenn es klingelt, es könnte ja eine Nachricht aus der Klinik sein.

Als wir das Bad verließen, erfuhr ich, dass das Handy tatsächlich geklingelt hatte, weil ich da aber gerade in der Sauna war, hörte ich die Durchsage nicht. Das war gut so, denn der Anruf war gar nicht wichtig gewesen.

Ob wir noch auf der Intensivstation waren und mit einem Arzt oder Pfleger sprachen? Ich weiß es nicht. Ich weiß nur: Der 14. Mai 2010 war Toms 44. Geburtstag. Er erlebte ihn auf der Intensivstation. Ja, Gott sei Dank, er lebte!

Als wir Tom besuchten, mussten wir uns komplett verhüllen. Mit Häubchen für die Haare, sterilen Schuhen, Handschuhen und Mundschutz betraten wir den Raum. Dass ich überhaupt ohne Panik dort hineingehen konnte, verdanke ich der Therapie bei Frau Dr. Frey.

Tom lag ganz alleine in diesem Zimmer, auch die Pfleger waren steril vermummt. Man erklärte uns, diese Maßnahmen seien zu ihrem und unserem Schutz.

Während der Operation war Toms offener Brustraum mit einer 42° heißen Chemotherapie durchspült worden, weshalb er nun heftig ausgiftete. Das konnte und wollte ich mir gar nicht vorstellen!

Ach Tom, was hast du für uns ausgehalten! Wir besuchen dich in diesem Zimmer, alles ist blau, du liegst da in diesem Bett, wie siehst du aus? Ich kann dich nicht wirklich erkennen, weil ich doch nicht mehr scharf sehen kann!

Und jetzt kann ich mich nicht mehr erinnern. Ich habe keine Erinnerung an deine Augen, ob du gelacht hast, was du gesagt hast. Es war dein Geburtstag! Haben wir dir ein Geburtstagslied gesungen? Haben wir dir gratuliert? Ich weiß es nicht mehr!

Ich hatte diese Operation nicht gewollt. Warum noch einmal solche Angst, während Tom viele Stunden im OP liegt? Diese ganze Zeit über hatte ich eine so schreckliche Furcht, dass ich noch lange in der Erinnerung daran zitterte und weinen musste. Aber Gott war bei mir, das spürte ich. Er war bei mir, indem Sabine bei mir war. Und ich bin froh und dankbar, dass Tom diese Operation über sich ergehen ließ, denn sie schenkte uns noch siebeneinhalb gemeinsame Jahre.

Alltag mit Sehbehinderung

Nachdem Tom die Operation in Regensburg überlebt und überstanden hatte, merkte ich erst, wie ausgelaugt und erschöpft ich war. Bis dahin funktionierte ich immer irgendwie, doch diese zwei

Jahre voller Angst und Sorgen, drei Operationen, ständig neuen Diagnosen, Therapien und schlechten Nachrichten hinterließen ihre Spuren und ich wurde zunehmend deprimierter. Nun erst wurde mir bewusst, wie hilflos ich durch meine Sehbehinderung im Alltag war. Weder durch meinen Augenarzt noch in der Uniklinik wurde ich beraten, welche Hilfsmittel es gäbe, um in meinem Alltag besser zurechtzukommen. „Es tut uns leid, wir können nichts machen", das ist das, was ich wahrnahm. Vielleicht bekam ich vor lauter Sorge um Tom nicht mit, dass man mich etwa auf den Blindenschutzbund oder den Verein PRO RETINA aufmerksam machte.

Durch meine Sehbehinderung war ich mittlerweile vollkommen unselbstständig geworden: Ich konnte weder in der Ferne noch in der Nähe irgendetwas lesen. Wenn ich die Post aus dem Briefkasten holte, wusste ich nicht, an wen aus unserer Familie sie adressiert war. Ich brauchte also jemanden, der mir sagte, für wen die Post wäre und der mir meine Briefe vorlas. War mein Shampoo leer und ich wollte mir ein neues aus dem Vorratsschrank holen, erkannte ich nicht, welche der völlig gleich aussehenden Flaschen nun das Shampoo und welches die Spülung war.

Ich konnte kein Buch, keine Zeitung mehr lesen, und keine Sonderangebote vom Supermarkt. Zum Glück ging es Tom nach seiner Operation in Regensburg so gut, dass er mir meine Augen ersetzen konnte und im Alltag eine große Hilfe war.

Und dann bewirkte, wie so oft, meine Freundin Claudia eine Wende in meinem Leben: 2011 brachte sie mir von einer Messe einen Prospekt über vergrößernde Sehhilfen mit. Ich werde nie vergessen, wie ich mit Tom am Küchentisch saß und er mir daraus vorlas. Anschließend griff er gleich zum Telefon und schon ein paar Tage später breitete ein Vertreter der Firma seine ganzen Utensilien vor uns aus. Ich hatte ja keine Ahnung, welche Möglichkeiten es gab, sehbehinderten Menschen den Alltag zu erleichtern. Nun bekam ich meine erste Lupe für unterwegs und für zu Hause ein Bildschirmlesegerät.

Das war ein Gefühl! Ich weiß noch genau, wie ich zum ersten Mal die Zeitung unter dieses Gerät legte und wieder lesen konnte. Es dauerte zwar eine Weile, aber es funktionierte. Es war wie ein neues Leben: Am Tag zuvor brauchte ich noch Hilfe, und auf einmal konnte ich wieder selbst lesen!

In der Zeitung stolperte ich dann bald über eine Annonce des „BBSB": „Monatlicher Treff im Gasthof Weißes Roß zum Kaffeetrinken, Samstag, 15 Uhr". „BBSB, nie gehört", dachte ich, „was kann das sein?". Ich fand heraus, dass es sich um den Bayerischen Blindenschutzbund handelte. Da war klar, dass ich zu diesem Treffen gehen würde.

Die Menschen, die ich dort kennenlernte, waren entsetzt, dass ich zwei Jahre von den Ärzten allein gelassen worden bin und so hilflos war. Eigentlich müsste man jedem Patienten mit dieser Diagnose eine entsprechende Broschüre in die Hand drücken. Hatte mein Arzt mich irgendwann darauf aufmerksam gemacht? Ich weiß es nicht. Als ich ihn später auf diese notwendigen Informationen ansprach, reagierte er gar nicht.

Aber er reagierte, als ich erfahren hatte, dass man mit einem Hilfsmittelrezept vom Arzt Zuschüsse für dieses Bildschirmlesegerät von der Krankenkasse bekommen würde. Er untersuchte mich und sagte dann: „Zu was brauchen Sie denn ein Bildschirmlesegerät? Sie sind doch nur Hausfrau!"

Von diesem Kommentar tief gekränkt und mit ohnehin angeknackstem Selbstbewusstsein kamen mir die Tränen. Doch dann griff ich trotzig zu einer Notlüge: Ich sagte, dass ich momentan eine Fortbildung in biblisch therapeutischer Seelsorge mache und dafür an Seminaren teilnehmen muss. Zusammen mit meiner Cousine nahm ich tatsächlich an solchen Kursen teil, um mal rauszukommen. Ich hatte aber nie vor, die Ausbildung mit Abschlussarbeit und Prüfung zu beenden, das wäre mir zu der Zeit viel zu kompliziert gewesen. Ich bekam das Rezept.

Im Jahr 2012 wurde ich Mitglied im Blindenschutzbund und bekam zum ersten Mal eine ausführliche Beratung: Ich hätte schon längst Anspruch auf einen Behindertenausweis gehabt, den wir dann beantragten. Nun erfuhr ich auch, dass es eine Blinden- und Sehbehindertenbücherei gäbe, bei der man Hörbücher ausleihen könne. Diese Informationen schenkten mir die Hoffnung auf eine neue Lebensqualität.

Erst vier Jahre später stellte sich heraus, dass meine Lupenbrille gar nicht passend für mich war. Über den Blindenschutzbund erfuhr ich von der Studie eines jungen Studenten, der für seine Prüfung zum Optikermeister Menschen mit einer Sehkraft von nur 10 % suchte. Durch diesen jungen Mann kam ich zu meiner Spezialbrille, die mir meinen Alltag heute enorm erleichtert.

Immer mal wieder zweifelte ich an der Diagnose Juvenile Makuladystrophie, weil ich mir sicher war, dass meine Sehbehinderung durch das Trauma auf der Intensivstation nach Toms 1. Operation ausgelöst worden war. Doch meine Augen erholten sich nicht wieder, sondern wurden sogar noch schlechter.

Bei meinem Augenarzt kam ich mir manchmal wie eine Simulantin vor, als sich auch meine Sehkraft auf dem linken Auge von 40 auf 20 und schließlich auf 10 % verschlechterte, ohne dass eine Veränderung der Netzhaut zu erkennen war. Schließlich schickte er mich zur weiteren Abklärung der Diagnose nach München, wo man als Ursache meiner Sehbehinderung den Gendefekt Morbus-Stargardt vermutete. Der humangenetische Befund ergab aber nur eine Wahrscheinlichkeit von 25 %.

Diese Tatsache und die wundersame Erfahrung, dass ich dreimal für jeweils einen kurzen Moment klar sehen konnte, nachdem sich bei mir auf seelischer Ebene etwas gelöst hatte, erhielten in mir einen kleinen Rest Hoffnung, dass die Diagnosen zu meiner Sehbehinderung gar nicht stimmten und ich eines Tages wieder normal sehen könnte. Andererseits gab es Phasen, in denen mir diese Behinderung kaum bewusst war und ich meinen Frieden damit hatte.

Krank, aber mobil – dank Wohnmobil

Wenn mir ein Mensch vor dem 28. Juni 2010 gesagt hätte, dass ich einmal mit meinem eigenen Wohnmobil reisen würde, hätte ich gesagt: „Du spinnst! Niemals im Leben!" Bis dahin hatte ich mich nämlich als „Camping geschädigtes Kind" bezeichnet.

Seit ich elf Jahre alt war, musste ich jedes Wochenende und jeden Urlaub mit meinen Eltern im Wohnwagen am Bodensee verbringen. Im ersten Jahr war das ja ganz schön, da war es etwas Neues, Aufregendes. Aber dann war es stinklangweilig und ich fand es nur noch ätzend! Es war furchtbar! Diese Nächte im Wohnwagen und mein schnarchender Vater – an Camping habe ich nur schlechte Erinnerungen. Daher machten wir auch mit unseren Kindern ganz selten Campingurlaub. Wir waren zwar, als unsere Kinder ganz klein waren, mal mit dem Wohnmobil meiner Eltern unterwegs, doch mein Traumurlaub sah anders aus: Ein schönes Hotel, eine Wellnessanlage – alles sehr komfortabel. Und mit Sicherheit nicht so eng wie beim Camping. Trotzdem kauften Tom und ich uns ein Wohnmobil. Wie kam es dazu?

Aufgrund meiner Augenerkrankung hatte ich ja seit 2009 keinen Führerschein mehr und Tom war schon nach seiner ersten Operation körperlich sehr eingeschränkt. Seine Bauchatmung funktionierte nicht mehr und er bekam schlecht Luft. Nach langem Sitzen hatte er dann Probleme mit der Sauerstoffsättigung, weil Magen und Darm, alles, was da im Unterbauch war, so nach oben drückte. Dadurch bekam er noch schlechter Luft. Er ermüdete sehr schnell, so dass er sich spätestens nach drei Stunden mindestens für eine halbe Stunde flach hinlegen musste, damit der Körper wieder genug Sauerstoff bekam und er im Kopf wieder fit wurde.

Weil Tom nicht lange und ich überhaupt nicht mehr Autofahren konnte, war es uns unmöglich, längere Fahrten zu unternehmen. Wir kamen aus Memmingen nicht raus. Also sagten wir uns: „Wenn wir noch irgendwie flexibel bleiben und noch ein bisschen unterwegs sein wollen, ist unsere einzige Chance ein Wohnmobil." Tom würde es fahren und bei Bedarf auf einem Parkplatz darin so lange ausruhen, wie er es bräuchte. Dann könnten wir weiterfahren und noch etwas von der Welt sehen. Unser Entschluss stand fest: „Wir kaufen uns ein Wohnmobil!"

Mein Mann war stets ein sehr gründlicher Planer. Wollten wir eine Waschmaschine, einen Staubsauger oder neue Reifen kaufen, dann recherchierte er stundenlang im Internet die Testurteile und alle möglichen Details. Das fand ich so nervig! Ganz anders war das beim Kauf des Wohnmobils: Die Entscheidung dafür trafen wir gleich nach seiner Entlassung aus der Klinik in Regensburg.

An einem Samstag sahen wir eine Annonce, riefen sofort beim privaten Anbieter in Augsburg an und fuhren hin. Tom sah das Wohnmobil, fuhr Probe – und unterschrieb den Kaufvertrag. Nie zuvor hatte er eine so schnelle Entscheidung getroffen, vor allem nicht, wenn es um so viel Geld ging. Noch beim Verkäufer zu Hause veranlassten wir eine Eilüberweisung.

Er händigte uns den Brief, die Schilder und den Schlüssel aus, so dass wir das Wohnmobil gleich zu Hause zulassen konnten. Als Kennzeichen wählten wir MM-HT-286, unsere Initialen und das Kaufdatum des Wohnmobils. Zwei Tage später fuhren wir mit dem Zug nach Augsburg und mit unserer neuen Errungenschaft wieder zurück. Eine segensreiche Zeit begann!

Unseren ersten Ausflug machten wir in die Bodenseegegend und zum Rheinfall in Schaffhausen. Als wir im September 2010 dringend eine Ablenkung in der zermürbenden Warterei bis zur Bekanntgabe des Ergebnisses der Nachuntersuchung in Regensburg brauchten, meldeten wir uns für ein Mitarbeiterseminar zum Alpha-Kurs in München an. Andere Teilnehmende aus der Frauenkirche wollten uns am Samstagmorgen um 8 Uhr mit dem Auto mitnehmen. Für den Fall, dass es Tom schlecht gehen würde und wir nicht rechtzeitig da sein sollten, vereinbarten wir, dass sie nicht auf uns warten müssten. Doch es ging ihm gut und wir freuten uns auf das Seminar. Leider kamen wir wenige Minuten zu spät und sahen das andere Auto gerade noch an uns vorbeifahren.

Und jetzt? Wir hatten ja gar keine Adresse von dem Seminarhaus! Ich versuchte vergeblich, jemanden im Auto per Handy zu erreichen, also fuhren wir frustriert nach Hause. Dort fand ich schließlich doch noch den Einladungsprospekt mit der Adresse und wir beschlossen: Wir fahren selbst dahin. Mit dem Wohnmobil! So kamen wir zwar zu spät dort an, aber Tom konnte sich später von den Strapazen des Morgens ausruhen. Während er erschöpft im Wohnmobil schlief, wollte ich die Gelegenheit nutzen, und das Angebot annehmen, mich segnen zu lassen.

Zum Segnungsteam gehörten zwei Menschen, zu denen ich mich magisch hingezogen fühlte. Ich erzählte ihnen kurz meine Geschichte, die sie offensichtlich sehr berührte. Sie segneten mich und empfingen ein prophetisches Bild für mich: Sie sahen eine leere Bühne mit zwei Blumenstöcken rechts und links. Dies war meine erste Begegnung mit Heinz und Hildegard Becker, die Tom und mir zu sehr guten Freunden wurden. Das Taschentuch, das Heinz mir an diesem Tag reichte, um meine Tränen zu trocknen, liegt heute noch auf meinem Nachttisch.

Diesem spontanen Ausflug nach München folgten weitere Tagesfahrten mit dem Wohnmobil, zum Beispiel zu einem Eheseminar. Wenn Tom dort eine Auszeit brauchte, zog er sich ins Wohnmobil zurück und konnte eine halbe Stunde ausruhen oder schlafen, während ich den ganzen Tag auf dem Seminar war.

Im ersten Urlaub ohne Michi fuhren wir mit dem 14-jährigen Philipp im Wohnmobil Richtung Wien und Ungarn. Von da an waren wir sehr oft auf Reisen. So machten wir Urlaub an der Nordsee und in der Toskana, in Ungarn, Österreich, Südtirol, Belgien, Luxemburg, Holland – Wahnsinn! Auch wenn wir bis an die Nordsee zum Beispiel drei Tage brauchten – wir waren total flexibel und hatten ja alle Zeit der Welt.

Natürlich hatte Tom vor allem bei längeren Reisen auch unterwegs ganz oft einen schlechten Tag. Wenn das Morphium einfach zu wenig war und er mehr brauchte. Dann war er vom Kopf her nicht mehr klar genug zum Fahren. Oder wenn er sich wieder mal erbrechen musste – neben den körperlichen Ursachen war ihm oft auch seelisch einfach zum Kotzen.

Solche Tage gab es viele! Dann verbrachten wir die Zeit irgendwo wartend am Straßenrand. Ich musste mich reinfinden und diese schlimmen und heftigen Tage aushalten, bis es ihm wieder besser ging. Das kostete schon enorm viel Kraft und Nerven!

Am schlimmsten war es einmal in der Toskana, wo wir mitten in der hügeligen Pampa standen und 24 Stunden warten mussten, bis es ihm soweit besser ging, dass wir weiterfahren konnten. Aber wir kannten das ja schon, und es war nie so, dass ich total in Panik geriet. Auch zu Hause gab es solche Tage, in der Regel einmal pro Woche. Trotzdem nahm Tom diese Strapazen bewusst auf sich, und auch ich lernte, mich darauf einzulassen. Die Freiheit, doch noch etwas von der Welt sehen zu können, und die Zweisamkeit, die wir dabei so sehr genossen, waren es wirklich wert.

Leben ist mehr und mehr Leben

Nachdem Tom und ich von Januar bis März 2011 begeistert im Alphakurs in der Frauenkirche mitgearbeitet hatten, fassten wir den Entschluss, selbst einen Hauskreis zu gründen. Zehn Frauen und Männer zwischen 30 und 60 Jahren, die noch neu im Glauben waren und mehr darüber erfahren wollten, hatten sich für die Teilnahme an unserem Hauskreis entschieden. Leben ist mehr sollte er heißen und das erste Treffen war für den 4. Mai vorgesehen.

Am Morgen diesen Tages hatten wir einen routinemäßigen Kontrolltermin in Ulm. Völlig unerwartet zeigten sich bei der PET-Untersuchung (Positronen-Emissions-Tomographie) fünf abgekapselte Metastasen in der Bauchspeicheldrüse. Wir waren so geschockt, dass ich mir unmöglich vorstellen konnte, am Abend mit einem neuen Hauskreis zu starten. Leben ist mehr – ein schönes Motto, aber was ist, wenn jetzt alles wieder von vorne losgeht? Die Untersuchungen, die Angst!

Eine liebe Freundin, an die ich mich in Tränen aufgelöst gewandt hatte, öffnete mir die Augen, indem sie sagte: „Hey, ihr brennt für Jesus, ihr wollt heute mit begeisterten und interessierten Menschen einen Hauskreis gründen. Ihr wollt ihnen Zeugnis sein. Und jetzt willst du alles hinschmeißen! Da lacht sich aber der Gegenspieler ganz schön ins Fäustchen!" „Nee!", dachte ich mir, „Den Gefallen tue ich ihm nicht!" Also starteten wir an diesem Abend mit dem Hauskreis.

Wir kannten uns zwar alle aus dem Alpha-Kurs, aber von unserer ganz persönlichen Geschichte wussten die Teilnehmer bis dahin nichts. In der Vorstellungsrunde sagten wir dann gleich, dass Tom Krebs habe und ich ganz, ganz schlecht sähe, und dass wir uns trotzdem als Werkzeug Gottes in diesem Rahmen gebrauchen lassen möchten, um ihnen etwas von Jesus Liebe näher zu bringen und was er an Wunderbarem für uns getan hatte. Wir erzählten ihnen, wie ich zum Glauben kam und was wir seit 2008 mit Toms Krankheit erlebt hatten.

Zehn Tage nach dem ersten Treffen von „Leben ist mehr" bekam Tom zum Geburtstag einen leckeren Brotzeitteller geschenkt. Als der Gratulant beim Überreichen sah, wie schlecht es Tom ging, empfand er sein Geschenk als unpassend. „Wie konnte ich eigentlich so unsensibel sein, und dir zum Geburtstag einen Brotzeitteller schenken! Wo es dir doch oft so schlecht geht, und dir übel ist. Eigentlich würde ich dir gerne etwas ganz, ganz anderes schenken und das tue ich jetzt."

Und dann sagte dieser feinfühlige Mensch vollen Ernstes zu ihm: „Tom, ich schenke dir fünf Jahre meines Lebens."

Tom wusste gar nicht, was er dazu sagen sollte, er war tief berührt, weil er spürte, dass das ernst gemeint war. Natürlich war uns vom Verstand her klar, dass das ja nicht so ohne weiteres geht, man kann nicht einen Teil seiner Lebenszeit verschenken.

Aber wenn ich aus heutiger Sicht auf den weiteren Verlauf von Toms Krankheit zurückschaue, grenzt es wirklich an ein Wunder: Nach Toms Operation in Regensburg gingen die Ärzte davon aus, dass er durch diese Therapie noch eine Lebenserwartung von etwa zwei Jahren haben würde. Allerdings gab es noch keine entsprechenden Statistiken, weil er ja einer der allerersten war, die diese Behandlung über sich ergehen ließen. Es folgte ein Auf und Ab. Tom überstand diverse Krisen und lebte tatsächlich fünf Jahre länger, als jegliche ärztliche Prognose es für möglich hielt.

Statt der erwarteten zwei Jahre durfte Tom noch siebeneinhalb Jahre leben. Sind das wirklich die 5 Jahre, die ihm 2011 zum Geburtstag geschenkt wurden? Ist so etwas wirklich möglich? Wie auch immer es ist: Möge dieser wunderbare Mensch noch ein langes und gesegnetes Leben haben!

Wege der Krankheit – Wege der Heilung

Unser Leben bescherte uns also weiterhin Sorgen, Angst und Schmerzen einerseits, und bereichernde Glaubenserfahrungen andererseits.

Im Sommer des Jahres 2012 musste ich eine Zeit lang täglich nach Bad Wörishofen, wo ich mit einer speziellen Akupunktur für die Augen behandelt wurde. Einmal brachte mich eine Bekannte mit dem Auto dorthin, die mir unterwegs begeistert von ihren Erfahrungen einer Seelsorgeschulung in der Friedenskirche in Memmingen erzählte. Diese basierte auf dem Konzept der Stiftung Schleife in Winterthur, deren Motto lautet: „Seelsorge ist eine

Berührung von Gott, die das Evangelium an unerreichte Orte unseres Herzens bringt und dort Heilung und Befreiung wirkt". Ich war sofort Feuer und Flamme. So etwas wollte ich in unserer Gemeinde auch erleben! Tatsächlich fanden sich schon bald darauf ein paar Interessierte zusammen. Unter der Leitung von Stephan Ranke und seiner Frau Haike beschäftigten wir uns mit dem Thema: „Seelsorge unter den Gesichtspunkten Identität, Biographie und Gottesbild."

Zu der Zeit wussten wir bereits, dass sich nach Toms OP in Regensburg erneut Metastasen gebildet hatten, man wollte aber ein halbes Jahr abwarten und schauen, wie schnell sie wachsen. Ende des Jahres, genau zwei Tage vor Weihnachten, erfuhren wir von der Möglichkeit einer radioaktiven Blutbestrahlung, die bei Patienten mit Tumoren der Schilddrüse mit sehr großem Erfolg durchgeführt würde.

Toms Ärzte setzten nun große Erwartungen in die Anwendung dieser Therapie bei Tom und waren sich sicher, das Wachstum seiner Tumore damit stoppen zu können.

Mit dieser großen Hoffnung verbrachten Tom und ich Silvester 2012 auf einer Freizeit der katholischen charismatischen Gemeindeerneuerung in Berlin. Mit zehn Katholiken und einem unglaublich sympathischen, von Liebe und Geist erfüllten Pater, verbrachten wir eine wunderbare Zeit.

Die Tage in einer so angenehmen Gemeinschaft verbringen zu können, machten dieses Silvester für uns zu einem besonderen Erlebnis. Dabei war es uns nicht wichtig, um Mitternacht hinauszugehen und dem Feuerwerk zuzuschauen. Stattdessen verbrachten wir den Abend im Kreis sitzend mit Lobpreisliedern und hörendem Gebet. So etwas hatte ich noch nie erlebt, daher sagte ich spaßeshalber: „Früher haben wir an Silvester Bleigießen gemacht und darin die Zukunft vorausgesagt - dieses Hören ist ja fast so ähnlich, aber doch ganz anders." So in etwa fühlte sich das für mich damals an. Diese Art von Gebet inspirierte uns, selbst Seminare zu dem Thema zu besuchen. Dort machten wir tiefgreifende Glaubenserfahrungen und erlebten bei uns und anderen Teilnehmern innere Heilung.

An dieser Stelle näher darauf einzugehen, würde den Rahmen sprengen, für Interessierte ein Buchtipp: „Vom Hören" von Hildegard und Heinrich Becker (BOD Verlag Norderstedt).

Im Januar und im April 2013 war Tom dann wie geplant jeweils eine Woche in Ulm und unterzog sich dieser Behandlung, von der die Ärzte so überzeugt waren und auf die auch wir all unsere Hoffnung setzten. Endlich würde es einen Durchbruch geben!

Die Umstände dieser Therapie waren körperlich und seelisch eine einzige Tortur: Weil Tom durch die Behandlung radioaktiv strahlte, durfte er keinen Besuch empfangen. Das Essen wurde ihm durch eine Luke in sein Zimmer hineingereicht und auch das Pflegepersonal wäre nur im Notfall mit Schutzanzügen zu ihm hineingekommen, wenn er medizinische Hilfe gebraucht hätte. Das ging so lange, bis man mit einem Geigerzähler feststellen konnte, dass von ihm keine radioaktive Strahlung mehr ausging, die eine Gefahr für seine Mitmenschen hätte sein können.

Man kann sich kaum vorstellen, was das für Tom und seinen Körper bedeutete. Durch die Isolation war diese Behandlung aber vor allem auch psychisch eine große Belastung. Die Ärzte waren nach wie vor vom Erfolg dieser Therapie überzeugt, dennoch war es schwer, die zweite Behandlung im April durchzustehen. Wieder konnten wir uns nicht sehen und nur miteinander telefonieren.

Für mich war es furchtbar, ihn so allein zu lassen, da ich bei den bisherigen Behandlungen doch immer nah an seiner Seite war. Ende Juni 2013 brachte uns dann eine weitere Untersuchung die traurige Gewissheit, dass diese Therapie leider nicht den erwarteten und sehnlichst erhofften Erfolg erbrachte hatte, die Tumore wuchsen einfach weiter. Nun stand fest: Zum augenblicklichen Stand der Medizin gab es nichts mehr, was ihn heilen würde. Tom war austherapiert.

Wie gelähmt verbrachten wir die nächsten Wochen. Zur Ablenkung in dieser schwierigen Zeit begleitete ich meine Cousine weiterhin zu Seelsorgekursen. Bei diesen Gelegenheiten übernachteten wir immer in unserem Wohnmobil.

Auch Tom war mit dem Wohnmobil unterwegs. Ganz allein reiste er zum Beispiel bis nach Kroatien, er nannte das „Exerzitien im Wohnmobil". Ich war davon allerdings gar nicht begeistert. Die Vorstellung, dass Tom ganz ohne Begleitung unterwegs wäre, machte mir furchtbare Angst. In meiner Verzweiflung begleitete ich ihn zu einem Termin bei seinem psycho-onkologischen Therapeuten. Als Ergebnis dieses Gespräches musste Tom mir versprechen, nicht irgendwo in der Landschaft zu parken, sondern immer nur auf einem Campingplatz zu übernachten, so dass ich, wenn ich nicht morgens und abends eine SMS von ihm bekäme, dort anrufen und darum bitten könnte, mal an seinem Stellplatz nach dem Rechten zu schauen.

Natürlich war diese Reise sehr anstrengend für ihn, schließlich dauerte es zwei Tage, bis er in Kroatien ankam. Aber sie war auch ein wichtiger Prozess. Er brauchte das für sich, und ich glaube, in der Zeit passierte bei ihm ganz viel an innerer Heilung.

Silvester 2013 verbrachten wir dann zum ersten Mal ganz allein daheim. Wir wollten mit niemandem feiern, keinem nachts um 12 ein gutes Neues Jahr wünschen - und viel Gesundheit. Wir mussten ja damit rechnen, dass es unser letztes gemeinsames Silvester wäre. In tiefer Dankbarkeit waren wir zusammen, standen statt hinauszugehen nur eine Weile am Fenster und sahen in den Himmel. Das Feuerwerk schauten wir uns schließlich vom Bett aus an. Und es war gut so und schön.

Einen Funken Hoffnung hatten wir ja doch noch: Im Herbst hatte sich über Dr. Mayer die Möglichkeit ergeben, eine ambulante Chemotherapie mit der täglichen Einnahme von Tabletten durchzuführen. Es war uns bewusst, dass Tom dadurch nicht geheilt würde, aber das Wachstum der Tumore könnte zumindest verzögert werden. Natürlich griff Tom auch nach diesem Strohhalm und probierte die Therapie aus. Jeden Tag segneten wir die Tabletten vor der Einnahme, damit die zu erwartenden heftigen Nebenwirkungen ausbleiben mögen, und Tom überstand diese Behandlung ohne jegliche Beeinträchtigung.

Als Anfang 2014 die Lymphknoten-Metastasen im Ultraschall ausgemessen wurden, schien es tatsächlich zu einem Stillstand beziehungsweise einer Verkleinerung gekommen zu sein. Doch im Frühsommer 2014 wurden unsere Hoffnungen durch eine CT-Untersuchung zunichte gemacht: Die ambulante Chemotherapie blieb wirkungslos.

Toms Lebenswille war so stark! Er gab einfach nicht auf und entschloss sich zu einer vierwöchigen Therapie bei einem Naturheilarzt in Überlingen am Bodensee. Vielleicht könnte das Wachstum der Tumore dadurch verlangsamt werden. Gemeinsam verbrachten wir diese Wochen wieder mit dem Wohnmobil auf einem Campingplatz. Es war eine schlimme Zeit. Tom ging es körperlich sehr schlecht, er war sehr schwach und brach die Therapie vorzeitig ab.

Er konnte einfach nicht mehr. Die ganzen Strapazen hatten nichts gebracht, nur sehr viel Geld gekostet.

Im Herbst fuhr Tom dann das dritte Mal allein nach Kroatien. Ich weiß nicht, welche Erfahrungen er dort machte, und ob und wie er da Gott erlebte – aber er kam wieder einen Riesenschritt gereifter zurück.

Verändert hatte ihn schon die Teilnahme an der Werkstatt für Seelsorge der Schleife Winterthur in der Friedenskirche Memmingen. Als ich mich dort anmeldete, hoffte ich im Stillen, dass auch Tom dabei sein würde. Seit er auf der Intensivstation Jesus kennengelernt hatte und ein freudiger Nachfolger geworden war, war seine Motivation geprägt von der Haltung: „Was Jesus alles für mich gemacht hat! Jetzt muss ich für ihn etwas tun!" Ich nannte das „Leistungschristdenken".

Jahrelang hatte ich versucht, ihn dazu zu bewegen, sein Leben Jesus zu übergeben, was ihn aber eher weiter davon wegbrachte. Nun spürte ich, dass diese Schulung für mich und auch für Tom wesentlich sein würde. Aber diesmal war ich so geduldig und schlau, ihn nicht zu drängen, sondern für ihn zu beten. Ich war so erleichtert und dankbar, als er mich bat, ihn mit anzumelden, und ich dachte voller Hoffnung an das Motto dieser Schulung, dass das Evangelium „die tiefsten Winkel des Herzens berührt und dort Heilung und Befreiung bewirkt."

Dieses Jahr als Schüler der Seelsorgeschule tat uns beiden sehr gut. Für mich wäre das genug gewesen, ich hätte anschließend nicht weitergemacht. Doch Tom war dabei, wirklich innerlich Heilung zu erfahren. Zum ersten Mal war da nicht „Ich muss jetzt etwas für Jesus tun.", sondern „Ich will es tun, für mich und andere." Von nun an war Tom so engagiert, dass es uns fast wieder in eine heftige Ehekrise führte.

Früher hatte ich das Gefühl, dass er mehr mit der Deutschen Bank verheiratet war, als mit mir, während er seit meiner Bekehrung eifersüchtig auf Jesus war, der mir so viel bedeutete. Nun war es schwer für mich zu akzeptieren, dass er in seiner Krankheit mehr Zeit und Kraft in die Kirche, als in unsere Familie oder unsere Beziehung investierte. Offenbar erinnerte mich das an frühere Verletzungen, doch in der Werkstatt für Seelsorge wurde ich mir dessen bewusst und erfuhr ganz viel Heilung.

Und ich konnte verstehen, dass es für Tom eine wichtige Erfahrung war, als Berufsunfähiger, der kein Geld mehr verdiente und keine Arbeit mehr hatte, sich mit seinen Fähigkeiten, seinem Wissen und seiner Gabe einzubringen und der Gemeinde dienen zu können. Er fühlte sich wieder wertvoll. Und er erkannte, dass es nicht darum geht, sich die Liebe von Jesus zu verdienen, sondern dass alles, was man tut, aus der Liebe zu Jesus geschehen soll. Diese Erkenntnis veränderte ihn sehr.

Tom wollte also auch im Jahr 2015 wieder an der Werkstatt für Seelsorge teilnehmen. Und weil unsere Zeit so kostbar war und ich sie gerne mit ihm verbringen wollte, machte auch ich wieder mit. Dabei ahnte ich schon, dass es für mich schwierig sein würde, mit mir unbekannten Ratsuchenden Gespräche zu führen. Aufgrund meiner Sehbehinderung muss ich sehr dicht vor einer Person stehen, wenn ich ihr Gesicht erkennen möchte. Einem fremden Menschen kann ich schlecht so nahekommen, wie es nötig wäre, um an Gesicht und Mimik ablesen zu können, was wirklich in ihm vorgeht.

Einerseits machte mich diese Erkenntnis traurig. Andererseits konnte ich bereits mehrmals erfahren, dass Gott mir ein inneres Auge schenkte. Vielleicht empfange ich gerade wegen meiner schlechten Augen im hörenden Gebet Bilder und Eindrücke für andere, die ich ihnen weitergeben kann.

Für mich selbst erhielt ich einmal einen ganz besonderen Eindruck. Während einer Andacht empfing ich ein wunderbares Bild des Friedens, das sich Jahre später genauso erfüllen würde:

Ich sehe ein Bett mit einem Menschen – der heimgeht – das Zimmer ist voller Licht – Wärme – Engel – Lobgesang – alles ist voller Frieden und ohne Schmerz.

Gott sagte mir während der ganzen Zeit der Andacht: „Ich bin bei Dir gewesen in der Vergangenheit, ich bin heute bei Dir und ich werde morgen bei Dir sein – und bis ans Ende der Welt."

5. Mit dem Tod auf der Bettkante

Erste Erfahrungen mit der Palliativstation

Als Ende Januar 2015 die Werkstatt für Seelsorge wieder startete, waren Tom und ich zum ersten Mal als Mitarbeiter dabei. Gleich am ersten Samstag durften wir eine Andacht über Rembrandts Gemälde vom verlorenen Sohn halten. Unser Weg, Gott, den Vater zu finden und dann diesen Vortrag halten zu können, führte über zwei uns beeindruckende Bücher: „Nimm sein Bild in Dein Herz" von Henry Nouwen (Herder Verlag) und „Vom Vater" von Hildegard und Heinrich Becker (BOD Verlag Norderstedt).

Der Austausch mit den Teilnehmern war sehr bewegend, weil wir ja aus ganzem Herzen von Gottes innigster Liebe an uns Menschen erzählen konnten.

In der Mittagspause fuhr Tom nach Hause, um sich wie immer eine Stunde auszuruhen. Erst als er weg war, bemerkte ich, dass er sein Blutzuckermessgerät im Raum liegengelassen hatte. Schnell ließ ich mich nach Hause fahren, um es ihm zu bringen.

Dort traf ich auf Michi. „Dem Papa geht es ganz, ganz schlecht", sagte er. „Ich habe gerade den Notarzt angerufen!" Entsetzt sah ich Tom, wie er sich vor Schmerzen krümmend über den Wohnzimmertisch beugte. Offenbar hatten mehrere Gaben des Morphium-Sprays, das er bei solchen Schmerzanfällen immer nahm, diesmal nicht geholfen. Der Notarzt brachte ihn gleich ins Krankenhaus, wo man den ganzen Tag versuchte, die Schmerzen mit Morphiumspritzen und Infusionen in den Griff zu bekommen, doch ohne Erfolg. Es war furchtbar: Tom erbrach sich vor Schmerzen und ich konnte nichts für ihn tun.

So hilflos wie an diesem Tag in der Notfallklinik hatte ich mich noch nie gefühlt. Am späten Abend legte man ihm schließlich einen Perfusor, eine Art Pumpe, über die er regelmäßig Gaben von

Morphium bekam. Dadurch waren die Schmerzen in den nächsten zwei bis drei Tagen einigermaßen unter Kontrolle, so dass Tom wenigstens eine leichte Linderung verspürte.

Die Ursache dieser furchtbaren Schmerzen erkannte man ein paar Tage später im CT: Die Lymphknotenmetastasen waren so weit gewachsen, dass sie auf die Nervenenden an der Wirbelsäule drückten. Wir erhielten diese Diagnose im Verlauf einer Visite am Bettrand, die dann gleich zum nächsten Patienten weiterging. Weil ich bei der Visite des Bettnachbarn nicht zuhören sollte, wurde ich aus dem Zimmer geschickt.

Mit dem Wissen, dass die Metastasen jetzt so groß geworden waren, und dass es keine Hoffnung mehr gab, lag Tom nun ganz allein in diesem Zimmer, während ich verstört draußen auf dem Gang hin und herlief. Schließlich stand ich an einem Fenster, schaute nach unten und schrie zu Gott: „Lieber Gott, das kann doch nicht sein, das darf doch nicht sein! Wie soll das weitergehen?"

Wie eine Antwort auf meine Frage, erlebte ich ein kleines Wunder: Für einen Moment konnte ich ganz klar sehen, und so erkannte ich direkt drei oder vier Stockwerke unterhalb dieses Fensters einen Leichenwagen, der die Auffahrt aus dem Keller hinauffuhr. „Er hat wohl einen Verstorbenen abgeholt", dachte ich mir.

Da spürte ich auf einmal einen ganz tiefen Frieden in mir und um mich herum, und ich hörte eine Stimme, die mir sagte: „Heike, hab keine Angst, so wird Tom das Klinikum niemals verlassen!"

Mit dieser Zuversicht ging ich dann zurück in Toms Zimmer und wir lagen uns erstmal weinend in den Armen. Das heißt, wie immer war ich es, die weinte, während er mich hielt. Aber ich erzählte ihm auch gleich von meinem Erlebnis und der tröstenden Zusage. Das war wie damals vor Toms erster OP, als eine Stimme mir sagte, dass alles gut würde. Einfach unglaublich!

Die Umstände dieses Krankenhausaufenthaltes waren für Tom trotzdem sehr schwer zu ertragen. Mit so heftigen Schmerzzuständen in einem 3-Bett-Zimmer zu liegen war wirklich heftig. Ein guter Bekannter von uns, der zu dieser Zeit Pflegedienstleiter am Klinikum war, konnte dann zumindest dafür sorgen, dass Tom in ein 2-Bett-Zimmer verlegt wurde. Doch auf so einer „normalen" Station fehlte es den Ärzten an Kompetenz und Möglichkeiten, unheilbar Erkrankte, die unter so heftigen Zuständen litten, wie Tom sie hatte, zu betreuen.

Eineinhalb Jahre waren vergangen, seit Tom erfahren hatte, dass er austherapiert sei. An zwei Strohhalme hatte er sich noch geklammert, weitere Strapazen auf sich genommen, weiter gehofft. Und nun hatte sein Zustand sich dramatisch verschlechtert, er war am Ende. Unser Hoffen und Wünschen galt nur noch einem Platz auf der Palliativstation.

„Pallium" – Mantel, Ummantelung – was für ein tröstender Begriff für die Versorgung von Patienten und ihren Angehörigen, wenn es keine Heilung mehr gibt.

Als ich im Jahr zuvor eine an Krebs erkrankte Cousine im Krankenhaus besuchen wollte und plötzlich vor einer geschlossenen Türe stand, war ich entsetzt. Es war die Türe zur Palliativstation. Doch der Besuch dort nahm mir die Angst, ich erlebte eine achtsame und liebevolle Atmosphäre und erfuhr, dass auf einer Palliativstation todkranke Patienten und ihre Angehörigen durch Mitarbeitende aus verschiedenen Bereichen und Therapien umfassend begleitet werden.

Die hiesige Palliativstation war jedoch voll belegt. Also startete ich mit einigen Unterstützern eine Gebetsreihe, dass doch bitte ein Platz frei werden möge. Ganz wohl war uns dabei nicht, weil wir damit ja indirekt beteten, dass jemand sterben müsse, damit Tom einen Platz bekäme.

Eine gute Woche später wurden unsere Gebete erhört und das war wirklich Rettung in letzter Sekunde. Ein erneuter Schmerzeinbruch machte Tom fast bewusstlos. Wieder war es eine gute Freundin, die im Klinikum arbeitete, die an diesem Sonntagnachmittag alle Hebel in Bewegung setzte, damit Tom gleich auf die Palliativstation verlegt werden konnte. Dort versetzte man ihn zunächst mit hochdosiertem Morphium für 24 Stunden in einen komaähnlichen Schlafzustand, so dass er von den Schmerzen nichts mehr spürte und sich von den Strapazen der heftigen Attacken erholen konnte.

Anschließend wurde die Dosis auf einen Level heruntergefahren, mit dem es für Tom noch gut aushaltbar war und er eine gewisse Lebensqualität hatte. Wir waren sehr dankbar, dass er dadurch einigermaßen wach und klar im Kopf war, so dass wir wieder miteinander sprechen konnten. Später wurde ihm dann in einem kleinen chirurgischen Eingriff ein Port eingesetzt, über den eine Schmerzpumpe angeschlossen werden konnte. Schließlich wurde noch eine palliative Bestrahlung durchgeführt, um die Metastasen etwas zu schrumpfen.

Ende Februar erholte Tom sich etwas und sein Zustand stabilisierte sich soweit, dass er aus der Palliativstation entlassen werden konnte. So verließ er die Klinik tatsächlich zu Fuß durch den Haupteingang, statt im Leichenwagen aus dem Keller gefahren zu werden.

Am 6. März 2015 konnten wir unseren 22. kirchlichen Hochzeitstag feiern. Unser Trauspruch, der auch die Jahreslosung war, steht in Römer 15, Vers 7: „Nehmt euch gegenseitig an, so wie ihr seid, denn auch Christus hat euch ohne Vorbehalte angenommen. Auf diese Weise wird Gott geehrt." Unser Hauskreis Leben ist mehr und Freunde aus der Gemeinde gestalteten für uns unter diesem Motto einen persönlichen Gottesdienst in unserem Wohnzimmer.

Drei Engel für Heike

Im Herbst 2015 begannen wir, unser Schlafzimmer zu renovieren. In den vielen Stunden, die Tom noch in diesem Raum verbringen würde, sollte er sich doch möglichst wohlfühlen. Zum Abschluss der liebevollen Renovierungsarbeiten gestalteten Tom und Michi noch einen Sonnenaufgang an der Wand, der dem Raum eine wunderschöne Atmosphäre gab.

Da erhielt ich am 6. November 2015 die Nachricht, dass mir wegen meiner Sehbehinderung eine Reha genehmigt wurde. Den Antrag dazu hatte ich bereits im Sommer gestellt und nun sollte ich plötzlich ab dem 17. November drei Wochen in einer ophthalmologischen Klinik in Masserberg im Thüringer Wald verbringen. Als ich den Bescheid bekam, dachte ich sofort: „Hey, das geht ja wohl überhaupt nicht! Was will ich denn in Masserberg? Ausgerechnet in dieser Jahreszeit und im Advent. Ich will im Frühling oder im Sommer eine Reha machen."

In mir sträubte sich alles, doch nach ersten Gesprächen mit Freundinnen und auch mit Tom wurde mir klar: Es ist die richtige Klinik und der richtige Zeitpunkt! Ich hatte keine Ahnung warum und wieso, aber es sollte wohl so sein. Also fing ich an, Vorbereitungen zu treffen und ich freute mich sogar ein bisschen, endlich einmal Zeit für mich ganz allein zu haben.

In der Nacht zum 11. November bekam Tom in den Morgenstunden wahnsinnige Schmerzen. Wir riefen Dr. Mayer an, der gleich einen Krankentransport bestellte.

Während wir auf den Krankenwagen warteten, lagen Tom und ich eng umschlungen auf unserem Bett mit Blick auf den Sonnenaufgang an der Wand. Und zum ersten Mal seit Beginn seiner Krankheit konnte Tom seine Angst nicht mehr unterdrücken. Von seinen Gefühlen überwältigt lag mein Mann weinend in meinen Armen wie ein kleines Kind. Da gab ich ihm ein Versprechen: „Ich werde versuchen alles zu tun, damit du zu Hause sterben darfst. Hier in diesem Zimmer, in unserem Bett, im Aufgang der Sonne."

Im Krankenhaus wurde dann sofort die Morphiumdosis erhöht und ein CT angeordnet. Als Ursache für die starken Schmerzen vermutete man, dass die Metastasen wieder gewachsen waren und auf Nerven drückten. Das war am Donnerstag.

Am gleichen Abend kamen Heinz und Hildegard Becker nach Memmingen, wo Heinz einen Vortrag über Gott als Vater hielt. Sie übernachteten bei mir und schliefen in unserem Ehebett mit Blick auf den Sonnenaufgang an der Wand. Am Freitagmorgen fuhren wir gemeinsam ins Krankenhaus und beteten erstmal an Toms Bett für ein Wunder, und dass Gott uns schenken möge, dass wir im Juni 2017 unsere Silberhochzeit feiern dürfen. Das war unser größter Wunsch in dieser Zeit. Heinz segnete uns.

Direkt nach diesem Gebet kam die Visite zu Tom ins Krankenzimmer und wir erfuhren das Ergebnis der Untersuchungen. Es war ein Wunder: Im Vergleich zur Aufnahme vom Februar war das CT unverändert.

Kein Wachstum der Metastasen! Tom erholte sich dann auch sehr schnell und durfte am Samstag bereits nach Hause.

Die Gedanken über meine Reha hatte ich bis zu diesem Zeitpunkt erstmal zurückgeschoben. Am Sonntag erzählte ich nach dem Happy-Hour-Gottesdienst davon, dass ich gar nicht weiß, wie ich am Dienstag nach Masserberg kommen soll. Ich hatte noch keine Fahrgelegenheit, noch keinen Zug gebucht, Gepäck nicht vorausgeschickt. Eigentlich wollte Michi mich hinfahren, aber wegen des schlechten Wetters schien die weite Reise mit dem Auto zu riskant. Am Montag früh, einen Tag vor der geplanten Anreise, war mir alles zu viel. Ich rief in der Rehaklinik an und sagte alles ab. Gleichzeitig sagte mir mein Bauchgefühl, dass das eine komplett falsche Entscheidung war.

Zwei Stunden später klingelte das Telefon. Ein mir bis dahin unbekannter Mann, der relativ neu in unserer Gemeinde war, rief an und fragte, ob ich schon eine Fahrgelegenheit nach Masserberg gefunden hätte. Er hatte gehört, wie ich nach dem Happy-Hour-Gottesdienst sagte, dass ich am Dienstag auf Reha solle und nicht wisse, wie ich da hinkomme. Als ich ihm erzählte, dass ich gerade alles abgesagt hätte, meinte er, er würde zu einem Klassentreffen ganz in der Nähe fahren und es wäre für ihn überhaupt kein Problem, den Schlenker über Masserberg zu machen und mich dort abzusetzen.

Was für ein Wunder: Ein wildfremder Mensch hört im Nebensatz von meinem Problem, macht dann meine Telefonnummer ausfindig und ruft bei mir zu Hause an.

Dieser Mann war wirklich ein Engel für mich. Tief berührt nahm ich das Angebot an, so dass ich am Dienstag, dem 17. November 2015, doch noch rechtzeitig in Masserberg ankam.

Das Zurechtfinden in der Ophthalmologischen Klinik war für mich sehr schwierig, denn die Klinik ist riesengroß. In fremden Gebäuden habe ich absolute Orientierungsschwierigkeiten und bräuchte eigentlich jemanden, der mich zwei Tage lang an die Hand nimmt. Der mit mir die Wege übt, damit mein Gehirn eine

Orientierung bekommt: vom Zimmer in den Speisesaal, vom Zimmer ins Schwimmbad und so weiter. Aber da war niemand, ich musste das allein hinbekommen. Ich bezog mein Zimmer im 3. Stock – und vermisste Tom. Es ging mir gar nicht gut und doch wusste mein Verstand, dass ich hier sein sollte.

Dann kam das Aufnahmegespräch, das sich schrecklich anfühlte. Ich kam mir so verloren und einsam vor, so hilflos. Am liebsten wäre ich sofort wieder geflüchtet.

Auch die erste Nacht war schlimm. Am nächsten Tag gingen dann die Therapien los. Beim Essen saß ich mit drei Frauen am Tisch, wovon zwei ein Aderhautmelanom hatten, also Krebs im Augenhintergrund. Und ich dachte mir: „Nein, bitte nicht! Bitte, bitte nicht! Ich will von diesem Thema endlich mal nichts hören und sehen. Und jetzt schickt Gott mir auch noch so was!"

Die dritte Nacht wurde dann zum Horror, weil ich schreckliche Atembeklemmungen hatte. Ich bekam fast keine Luft mehr, getraute mich aber nicht, die Notfallklingel zu betätigen.

Bis morgens um halb sieben hielt ich es irgendwie aus und wankte dann ins Schwesternzimmer. Eine Schwester realisierte sofort, was mit mir los war. Sie machte mir einen Notfalltermin beim Internisten und organisierte, dass ich ein anderes Zimmer bekam. In meinem Zimmer war nämlich durch Feuchtigkeit und Regen Schimmel entstanden, der zu meinem schlimmen Zustand geführt hatte.

Die Untersuchung beim Internisten erbrachte die Diagnose: Asthma, 1. Stadium. Ich bekam drei verschiedene Medikamente und dachte mir: „Hey, ich bin hier doch in einer Rehaklinik, um mich mit meinen Augen zu beschäftigen! Und jetzt bekomme ich hier schon nach zwei Tagen auch noch die Diagnose Asthma!" Ich war total verzweifelt und wollte einfach nur heim!

Die Schwestern waren sehr nett und meinten es wirklich gut. Sie halfen mir beim Umziehen in das gegenüberliegende Zimmer. Aber sie wussten ja nicht, was es bedeutete, dass ich wegen meiner Augen jedes Teil an einem festen Platz haben musste, um es wiederfinden zu können. Sie packten einfach alles in den Koffer und räumten es im anderen Zimmer irgendwohin. Das war so schlimm für mich! Natürlich ging mein gesamter Therapieplan an diesem Tag komplett daneben. Das Einzige, was ich schaffte, war es, am späten Vormittag meine Vitamin-B-Spritze abzuholen. Da saß ich also im dritten Stock vor dem Schwesternzimmer wartend im Gang. Neben mir saß ein Mann.

Ich konnte nur erkennen, dass er so einen langen Blindenstock hatte. Ich sprach ihn an: „Ist das ein Blindenlangstock?" Er: „Äh, ja!" Ich: „Äh, okay! Und wie benutzt man den? Ich sollte mich vielleicht doch auch mal mit diesem Thema beschäftigen." So kamen wir ins Gespräch. Er hieß Klaus-Dieter und erklärte sich bereit, mir am nächsten Morgen als Mobilitätstrainer eine erste Stunde mit dem Blindenlangstock zu geben. In dieser Nacht konnte ich endlich mal ein bisschen schlafen.

Um neun Uhr am Samstagmorgen wollte ich mich mit Klaus-Dieter an der Rezeption treffen. Ich war total aufgeregt und staunte nicht schlecht, als mir ein Mann in gelber Warnweste entgegenkam. „Bist du ein Bauarbeiter?", fragte ich Klaus-Dieter, um meine Aufregung zu überspielen. Er erklärte mir aber gleich, dass er sich aus Sicherheitsgründen zur Gewohnheit gemacht hatte, immer eine gelbe Warnweste zu tragen, wenn er mit dem Langstock unterwegs wäre, damit er rechtzeitig wahrgenommen werde.

Was ich dann erlebte, war der Hammer: Er legte mir den Stock in meine rechte Hand und zeigte mir, indem er seinen Zeigefinger auf meinen Zeigefinger legte, wie ich den Stock damit führen konnte. Mich durchkribbelte es von oben bis unten, ich war total durch den Wind, weil ich überhaupt nicht verstand, was da in diesem Moment passierte. Dieses Gefühl kannte ich nur von der ersten Berührung und Umarmung von Tom. Ich war hin und weg! Klaus-Dieter und ich verstanden uns auf Anhieb so gut, als ob wir uns schon ewig kennen würden. So gingen wir also spazieren und machten die erste Langstockstunde. Dabei führten wir Gespräche, wie ich sie noch nie mit einem Menschen hatte, den ich erst seit einer Stunde kannte. Wir verbrachten das gesamte Wochenende und fast den gesamten Montag miteinander und es herrschte eine Seelenverwandtschaft zwischen uns, die kaum erklärbar war.

Im Nachhinein gesehen weiß ich jetzt, warum ich genau zu diesem Zeitpunkt in dieser Klinik sein sollte, warum das mit dem Asthmaanfall passieren und mein Terminplan durcheinanderkommen musste: Ich wäre Klaus-Dieter sonst nie begegnet! Er ist vollblind, das heißt, er hätte mich nicht gesehen und ich hätte ihn nicht getroffen, wenn ich nicht so verzweifelt in diesem Gang gesessen hätte. Es war alles so geführt!

Diesem Menschen verdanke ich, dass ich endlich anfing, mich mit den unangenehmen Themen „schwerst sehbehindert" und „Hilfsmittel" auseinanderzusetzen. Diesem Menschen verdanke ich den Mut und das Selbstbewusstsein, nach der um eine Woche verlängerten Reha alleine in den Zug zu steigen und nach Memmingen zurückzufahren – und das mit zweimal Umsteigen! Diesem Menschen verdanke ich das ganz neue Selbstvertrauen: „Ich schaffe das mit meiner Krankheit und mit meinem Handicap!"

Klaus-Dieter ist voll berufstätig, er hat eine Frau und zwei Kinder. Er steht mitten im Leben. Und er erinnerte mich so sehr an Tom: Er ist genauso groß, er ist Bankkaufmann, er hat eine ähnlich liebevolle Art. Es war unglaublich!

Und dann traf ich ihn ausgerechnet an diesem Wochenende, an dem ich Tom so sehr vermisste, weil wir uns genau vor 30 Jahren, am 22. November 1985 kennengelernt hatten. Irgendwie halfen mir die vertrauten Gespräche mit Klaus-Dieter über den Schmerz hinweg, dass Tom schwer krank zu Hause saß und wir unseren Jahrestag nicht gemeinsam feiern konnten. Ich war so dankbar, diesen Mann kennengelernt zu haben!

Tatsächlich hatten wir nur vier Tage zusammen. Seinen Abschied am Montagabend zelebrierten wir ganz verrückt und mutig: Mittlerweile hatte es heftig geschneit und wir kamen auf die Idee, nur mit Badesachen bekleidet einen Schneeengel zu machen. Bei blinden und sehbehinderten Menschen verstärken sich die Sinneseindrücke. Nicht nur das Hören und Riechen wird intensiver, auch der Tastsinn und die Körperwahrnehmung wird sensibler. Als wir uns in den Schnee legten und unsere Arme zu Flügeln werden ließen, fühlte sich das großartig an!

Die Zeit in Masserberg wurde für mich zu einem der wichtigsten Ereignisse in meinem Leben. Durch die Erfahrungen, die ich dort machen konnte, stehe auch ich heute mit meiner Sehbehinderung als selbstbewusste Frau mitten im Leben. Ich danke Gott für seinen perfekten Zeitplan und seine Führung. Dafür, dass er schon im Vorhinein wusste, warum und wieso ich nach Masserberg musste. Dass ich eine Möglichkeit bekam, da hinzukommen und dass ich dort so reifen konnte.

Wer mich vorher kannte, weiß, dass ich durch mein Handicap ein graues Mäuschen geworden war. Ich hatte ja nie die Zeit gehabt, mich mit meinen Augen zu beschäftigen.

Auch der damaligen Chefärztin der Masserberger Klinik bin ich von ganzem Herzen dankbar, weil sie so viel Verständnis hatte. Sie war die erste Ärztin, die mir glaubte, dass der Ausbruch meiner Augenkrankheit im Jahr 2008 mit dem drohenden Tod von Tom auf der Intensivstation in Zusammenhang stand. Das hatte bisher kein Arzt so sehen wollen, und es war für mich so, so wichtig, diese Frau kennenzulernen und endlich einmal das Gefühl zu haben, dass mir jemand glaubte.

Danke Gott!
Danke für meinen Engel, der mich nach Masserberg chauffierte!
Danke für diese Ärztin, meinen Engel in Weiß!
Und Danke für Klaus-Dieter, meinen Engel in Gelb!

Nachtrag: Ein spaßiger Abend

Die Masserberger Klinik hat auch eine kleine Heimsauna, in der maximal vier Leute Platz haben. Eines Abends buchte ich die Sauna zusammen mit drei Mädels, die alle auch wegen irgendwelcher Augenerkrankungen so schlecht sehen konnten wie ich.

Wir hatten sehr viel Spaß und kamen schließlich auf die Idee, unseren eigenen Aufguss zu machen. Also nahmen wir einen Eimer Wasser und schütteten ihn über die Elektrokohlen. Eine von uns stand daneben und wedelte kräftig mit ihrem Handtuch über den zischenden Dampf.

Da wurde plötzlich die Tür zur Sauna aufgerissen und ein Mann rief aufgeregt: „Was ist passiert? Was ist passiert? Wer braucht Hilfe?" Wir schauten ganz perplex und fragten: „Äh, wieso?"

Er wäre der Pfleger der Station, sagte der Mann, bei ihm war der Notruf eingegangen, in der Sauna habe jemand den Notrufknopf betätigt. Wir fühlte uns ganz unschuldig, doch dann stellte sich heraus, dass das Handtuch bei der lustigen Wedelei an den Notrufknopf gekommen war, den wir alle nicht gesehen hatten. Wir hatten gar nicht gewusst, dass er existiert.

Da stand nun also ein junger hübscher Pfleger vor vier nackten Frauen und lachte. Schließlich zeigte er uns den Knopf für den Notruf, den wir doch bitte beim nächsten Wedeln beachten sollten.

Tom ist ein Kämpfer

Obwohl die Chemotherapie im Jahr 2014 keinen Erfolg gebracht hatte und Tom 2015 schließlich als austherapiert galt, ließ er sich nicht unterkriegen. Er war ein Kämpfer und so kannte ihn auch Dr. Mayer.

Im Herbst 2015 berichtete er Tom von einer neuartigen Chemotherapie, die in Amerika zur Behandlung von Menschen mit Gehirntumoren eingesetzt wurde und die, quasi als Nebenwirkung, solche Zellen angreift, aus denen Toms Tumor sich entwickelt hatte. In Kombination mit einer anderen Therapie könnte diese Chemo bei ihm angewandt werden.

Tom war sofort klar: „Das probiere ich aus!" Wenn es nach mir gegangen wäre, hätte es nicht mal die dritte OP in Regensburg gegeben und ich hätte auch diese Chemo nicht ausprobiert. Ich vertraute darauf, dass Gott ihn heilen würde. Manchmal war das recht schwierig zwischen uns, weil Tom merkte, dass ich nicht wirklich hinter diesen ganzen Operationen und Therapien stand, die so quälend für ihn und eine Belastung für mich und unsere Kinder waren und dann ja doch keine Heilung brachten.

Schließlich meinte Tom einmal: „Du willst ja scheinbar gar nicht, dass ich weiterlebe!" Dabei hatte ich einfach keine Kraft mehr, von Termin zu Termin immer wieder Hoffnung aufzubringen, um dann doch wieder in dieses Tal abzustürzen, weil alles umsonst war. Im Nachhinein gesehen denke ich natürlich, dass diese ganzen Maßnahmen den Verlauf von Toms Krankheit vielleicht doch verlangsamten. Wenn er dieses oder jenes nicht gemacht hätte, wer weiß, wieviel Zeit uns noch geblieben wäre. War also genau das Gottes Plan und Wille? Wir wissen es nicht, das weiß nur er allein!

Tom ging es an Weihnachten so schlecht, dass diese Chemotherapie abgebrochen werden musste. Er litt an einer Lungenentzündung und einer schleichenden Blutvergiftung. Der Port, der unterhalb des Schlüsselbeins unter die Haut eingepflanzt worden war, um Morphium über eine Pumpe im 5-Minuten-Takt in den Blutkreislauf zu leiten, hatte sich infiziert, was aber zunächst unentdeckt blieb.

Im Januar 2016 wurden dann beim Durchspülen des Ports die ganzen Bakterien mit einer solchen Wucht in den Körper geschleudert, dass Tom innerhalb einer halben Stunde eine Sepsis entwickelte. Er bekam 40° Fieber und so starken Schüttelfrost, dass er beinahe das Bewusstsein verlor. In einer Not-OP wurde der Port entfernt und die Blutvergiftung mit hochdosiertem Antibiotikum behandelt. Tom hatte es also wieder einmal geschafft.

Anstatt sich einen neuen Port legen zu lassen, um seine andauernden Schmerzen über die Morphiumpumpe in Schach zu halten, wollte Tom es zunächst wieder mit einer Morphinbehandlung mittels Pflaster und Tabletten probieren. Er hoffte, bald ganz davon loszukommen und auf Cannabis umsteigen zu können, über das er gerade erst eine Dokumentation im Fernsehen gesehen hatte.

Tom setzte seinen Willen gegenüber den Ärzten durch und ließ sich keinen weiteren Port einsetzen.

Dass die Umstellung von der sehr hochdosierten Morphium-Pumpe auf die Behandlung mit Pflaster und Tabletten tatsächlich gelang, war fast ein Wunder. In der behandelnden Anästhesistin erkannte ich die Ärztin wieder, die mir damals das Besuchsverbot auf der Intensivstation erteilt hatte.

Als ich ihr jetzt wieder begegnete, konnte ich ihr innerlich vergeben und meine tiefe Verletzung loslassen. Vermutlich hatte sie aber wenig Erfahrung mit so hoch dosierten Morphium-Umstellungen, denn selbst mir als Laie war klar, dass die gewählte Dosis viel zu gering sein musste.

Doch genau in dem Moment, als Tom dabei war, in eine heftige Schmerzkrise zu geraten, bekam er Besuch von Dr. Mayer, dessen Praxis sich mittlerweile im gleichen Haus befand. Er hatte gehört, dass Tom wieder mal dem Tod von der Schippe gesprungen war. Nun realisierte er sofort: Das ist viel zu wenig Morphium!

Obwohl er keine Handhabe hatte, weil er ja kein angestellter Arzt des Klinikums war, sprach er mit dem diensthabenden Chirurgen.

Sofort wurde die Dosis oral und mittels Pflaster so hoch gesetzt, dass die Schmerzen wenigstens einigermaßen zu ertragen waren. Nach einer Woche konnte Tom das Krankenhaus wieder verlassen und er kam dann ein paar Monate ohne Port aus. Dieser Umstand ermöglichte es ihm, mir zum 50. Geburtstag einen großen Wunsch zu erfüllen.

Ums Leben kämpfen, das Leben feiern

Tom und ich haben immer so gerne zusammen gefeiert. Mit viel Spaß und voller Ideen kreierten wir Einlagen für Feste. Auch während seiner Krankheit ließ Tom es sich nicht nehmen und schrieb Gedichte für Geburtstage oder Hochzeiten im Familienkreis. Dennoch waren Feiern aller Art für mich oft eine riesige Herausforderung. Das fing mit meinem 42. Geburtstag an, an dem wir im Allgäu Skyline Park unseren Freunden von Toms Diagnose erzählen mussten. Im ständigen Auf und Ab der Krankheit war mir dann kaum zum Feiern zumute. Egal, um was für Feste es sich handelte, – Silberhochzeiten, Geburtstage, Silvesterfeiern – es war ja nie klar, ob wir überhaupt hingehen konnten. Wenn es Tom nicht gut ging, blieb ich dann immer mit ihm zu Hause, obwohl er das gar nicht von mir erwartete.

Dabei wurde ich oft traurig und sogar wütend, weil wir nicht gemeinsam zum Feiern gehen konnten. An solchen Tagen, ja eigentlich in dieser ganzen Zeit, war ich so etwas wie co-krank. Ich saß dann zu Hause und überstand den Tag irgendwie, obwohl Tom meine Nähe gar nicht brauchte, wenn es ihm so schlecht ging. Wenn er sich körperlich zu viel zugemutet hatte, oder wenn ihn etwas seelisch belastet hatte, erbrach er sich den ganzen Tag und lag mit rasenden Kopfschmerzen im abgedunkelten Zimmer. Danach brauchte er erstmal zwei Tage, um sich zu regenerieren.

Für mich war es wirklich schrecklich, daneben zu sitzen und so hilflos zu sein, nichts tun zu können, außer den Eimer zu leeren und alle paar Stunden nach ihm zu schauen, ob er noch atmet und ob vielleicht ein Wunder geschehen ist und es ihm besser geht.

Silvester 2014 wollten wir im kleinen Rahmen mit einem befreundeten Paar bei uns zu Hause mit Raclette feiern. Doch schon in der Früh ging es Tom sehr schlecht und im Verlauf des Tages wurde uns klar, er würde nicht aufstehen können. Auch durch Philipps akuten Liebeskummer war die Stimmung im Haus sehr getrübt. Ich wollte den Silvesterabend aber nicht allein hier im Wohnzimmer verbringen und wieder einmal co-krank sein, also fragte ich unsere Freunde, ob es für sie okay wäre, wenn wir trotzdem zu dritt Silvester feiern. Sie waren einverstanden und es wurde ein netter Abend.

Ich lernte daraus, dass ich feiern darf, auch wenn es Tom schlecht geht. Die Silberhochzeit von Freunden und ein 50. Geburtstag waren dann die ersten Feste, die ich ohne Tom besuchte. So allein war das schon ein komisches Gefühl! Aber ich gewöhnte mich daran, und ich glaube, dass es auch für Tom eine Erleichterung war, dass ich nicht wegen ihm zu Hause blieb und auch ohne ihn feiern konnte.

Mein 50. Geburtstag

Am 30. März 2016 begann mein 50. Geburtstag ziemlich witzig: Als ich in der Früh die Treppe hinunter kam, stand vorm Eingang zum Wohnzimmer ein Stuhl. Darauf lagen meine Lupenbrille, mein Handy und ein Zettel: „Für Geburtstagskinder betreten verboten! Erst heute Mittag erlaubt." „Okay!", dachte ich mir, schnappte Brille und Handy und ging zum verabredeten Geburtstagsfrühstück mit meinen besten Freundinnen ins Café.

Als ich wieder nach Hause kam war Tom auf, nahm mich an der Hand und führte mich ins Wohnzimmer. Dort hatte er 50 handgeschriebene Nachrichten für mich verteilt und manche so gut versteckt, dass ich sie erst in den nächsten Tagen zufällig fand.

An der Pfeffermühle klebte ein Zettel: „Du bist die Würze in meinem Leben." Am Toaster fand ich: „Mit dir glüht unser Leben." Am Wasserhahn: „Du bist für mich eine Quelle." Und an der Uhr: „Jede Minute mit dir ist kostbar."

Jedes Mal berührte es mein Herz, wie viel Liebe und Dankbarkeit Tom in diesen Nachrichten zum Ausdruck brachte. Bestimmt wählte er auch den Notizblock dafür ganz bewusst aus, auf jedem Klebezettel war die Jahreslosung von 2016 aufgedruckt: „Ich will euch trösten, wie einen seine Mutter tröstet." Jesaja 66, Vers 13.

Als Überraschung kamen dann am Nachmittag Susi und Andreas zu Besuch, unsere lieben Freunde, die wir in den Jump City-Freizeiten kennengelernt hatten. Sie schenkten mir einen „mobilen Whirlpool", ein kleines Planschbecken mit zwei aufgeklebten Strohhalmen, das man prima im Wohnmobil mitnehmen konnte. Ich musste lachen und erinnerte mich daran, wieviel Spaß es mir gemacht hatte, in den Faschingsferien mit ihnen den Whirlpool in ihrer Ferienwohnung auszuprobieren. So was wollte ich auch haben!

In unserem kleinen Reihenmittelhaus war ja leider kein Platz für eine Badewanne, aber wie toll wäre es, einmal mit Tom gemeinsam im Whirlpool zu sitzen. Tom wusste von diesem Traum und zusammen mit unseren Söhnen überraschte er mich an diesem Geburtstag mit dem allerschönsten Geschenk überhaupt: Ich sollte einen Whirlpool für unseren Garten bekommen! Was für eine tolle Idee!

Als unsere Freunde sich am Abend gerade verabschieden wollten, erschien nach einem Regenschauer ein wunderschöner Regenbogen am Himmel. Wir betrachteten ihn gemeinsam und unterhielten uns darüber, was uns der Regenbogen bedeutet. Für mich war er immer ein Symbol für: „Alles wird gut!" So wie ich mir immer noch sicher war: „Tom wird geheilt! Das Wunder wird geschehen!" Susi und Andreas sahen etwas anderes im Regenbogen, nämlich die Zusage Gottes: „Ich bin immer bei euch!"

Dieses neue Verständnis und der besondere Regenbogen an meinem 50. Geburtstag wurden für mich zu einer ganz neuen Botschaft. Die vielen Regenbögen, die Tom und ich seit seiner Erkrankung gesehen hatten, waren als komplette Bögen sichtbar, sie bildeten eine Brücke von einem Ort auf der Erde zu einem anderen. An diesem Abend aber sahen wir nur einen Teil eines Regenbogens, der von der Erde in den Himmel wies. Er schien zu symbolisieren, dass ich unten auf der Erde stehe und Tom irgendwann am oberen Ende des Bogens sein wird. So konnte ich zum ersten Mal den Gedanken zulassen, dass Gottes Wille vielleicht ein anderer ist, als ich dachte, nämlich, dass er uns begleitet, auch wenn Tom dann irgendwann im Himmel sein wird.

Ein paar Tage später wurde der Whirlpool geliefert und das war eine echte Show für die ganze Nachbarschaft: Der Nordweg musste halbseitig gesperrt werden, damit der Pool mit einem 40-Tonner-Autokran über unser Reihenhaus hinweg in den Garten gehievt werden konnte.

Seitdem genieße ich oft mehrmals in der Woche das warme Wasser. Einmal betrachtete ich schon morgens um 6 Uhr im Whirlpool liegend den Sonnenaufgang, ein andermal genoss ich darin nachts um 12 das Silvesterfeuerwerk.

Dank Toms starkem Willen, sich keinen neuen Port einpflanzen zu lassen, ging sogar mein Traum in Erfüllung: Zweimal konnten wir gemeinsam im Whirlpool sitzen. Mit Port wäre das nicht möglich gewesen. Weil der Wasserdruck für Tom wegen der großen Metastasen sehr unangenehm war, verzichtete er später lieber darauf.

Doch ich werde nie vergessen, wie wir am 12. August 2016 im warmen Wasser saßen und zusammen in den Sternenhimmel schauten. Trotz meiner schlechten Augen konnte auch ich einige Sternschnuppen erkennen. Was für ein wunderschöner, magischer Moment!

Toms 50. Geburtstag

Ein paar Wochen nach mir feierte Tom seinen 50. Geburtstag. Es war ein Pfingstsamstag und wir hatten nichts Großes geplant. An diesem Tag ging es Tom ganz gut und ich freute mich auf die Überraschung, die Philipp sich für ihn ausgedacht hatte. Als das Telefon klingelte und Tom auf dem Sofa sitzend Philipps Glückwünsche entgegennahm, läutete es gleichzeitig an der Haustüre. Ich arrangierte es so, dass Tom mitsamt Telefon selbst zur Haustüre ging, um zu öffnen. Und da stand Philipp mit seinem Handy in der Hand, er war extra aus Dresden gekommen, wo er mittlerweile studierte. Tom war natürlich total überrascht und freute sich sehr

Es war wirklich wunderschön. Als Geschenk hatte Philipp ein Buch über den Anbau von Cannabis mitgebracht. Nun fachsimpelten die beiden und träumten davon, im Garten eine eigene Cannabisplantage anzubauen, damit Tom zu Hause ganz relaxed einen Joint gegen seine Schmerzen rauchen könne. Schon seit einiger Zeit bekam Tom Cannabis in Form eines Mundschleimhautsprays, das ihm sehr guttat, weil es ihm so ein bisschen ein „Leck mich am Arsch"-Gefühl gab.

Viele Freunde und die Familie kamen an diesem Tag ganz spontan zum Gratulieren. Ja, das war ein richtig schöner Geburtstag! Die Jungs und ich schenkten Tom einen Gutschein für einen Helikopterflug bei Sonnenuntergang. „Dem Himmel ein Stück näherkommen" hatten wir darauf geschrieben. Auch wenn er diesen Gutschein nie einlösen konnte, gab es ihm ein bisschen Kraft, wenigstens davon zu träumen. Kraft, die ihm auch ermöglichte, noch einmal mit dem Wohnmobil zu fahren. Eigentlich wollten wir das Wohnmobil schon abgemeldet haben, weil es Tom so schlecht ging. Doch weil der TÜV fällig war, meldeten wir es noch einmal für eine Saison an und ließen es erstmal vor unserer Türe stehen. Eine segensreiche Fügung! Als nämlich Anfang Juni ein Anruf von Philipp aus Dresden kam, der uns verzweifelt erzählte, dass seine Freundin ihn von einem Tag auf den anderen verlassen hatte, sagte Tom zu mir: „Pack das Wohnmobil, wir fahren morgen nach Dresden!" Ich bekam Panik. Wie sollte er das schaffen, wo es ihm doch so schlecht ging? Fasziniert erlebe ich, wie ein Papa in so einem Moment der Not Löwenkräfte entwickeln kann! Wir packten das Wohnmobil und fuhren gleich am nächsten Morgen bei strömendem Regen los. Mit zwei Pausen schafften wir es, ohne zu übernachten in einem Rutsch bis nach Dresden zu fahren.

So standen wir schon am Abend bei Philipp vor der Haustüre. Das war die wichtigste Zeit zwischen Vater und Sohn, ein ganz besonderer Moment: In dieser schwierigen Situation konnte Tom für ihn da sein.

Zehn Tage verbrachten wir in Dresden und man konnte meinen, „Dem Mann fehlt gar nichts!" Wir machten Stadtführungen, eine Schifffahrt auf der Elbe und verbrachten zusammen mit Philipp einen Tag im Elb-Sandstein-Gebirge. Weil Tom nach zwei Stunden Wandern körperliche Erholung brauchte und sich hinlegen musste, wäre das Ganze ohne unser Wohnmobil gar nicht möglich gewesen. Das war echt eine tolle Zeit!

Der Helikopter-Gutschein, den ich Tom geschenkt hatte, fand später doch noch seine Verwendung. Im Herbst 2018 schenkte ich ihn mit dem Satz: „Es ist noch kein Meister von Himmel gefallen!" unserem Michi zur bestandenen Prüfung als Maurermeister.

Mein 51. Geburtstag

Für meinen 51. Geburtstag im März 2017 plante ich, mit Freundinnen in die Therme nach Füssen zu fahren, Geburtstagskinder haben da nämlich freien Eintritt.

Toms Verfassung änderte sich zu der Zeit ja immer von einem Moment auf den anderen. Am Morgen meines Geburtstages war er plötzlich nicht fähig aufzustehen, geschweige denn, mir zum Geburtstag zu gratulieren. Das lag nicht an akuten Schmerzen, er war einfach nur platt, total schwach und kurzatmig. Es war furchtbar! Also sagte ich meinen Geburtstag ab und saß fast den ganzen Tag über heulend zu Hause.

Über irgendwelche Geburtstagsanrufe konnte ich mich gar nicht freuen, zu sehr war ich wieder in dieser Selbstmitleids- und Anklagespirale. Ich wusste ja, dass Tom nichts dafür konnte. Trotzdem fühlte ich mich so ohnmächtig und wütend: „Jetzt versaut er mir den Geburtstag!"

Ich kann mich gar nicht mehr erinnern, was ich an dem Tag noch so gemacht habe, ich weiß nur noch, dass abends Michi und seine Freundin Lisa kamen. Sie brachten mir ein schönes, riesengroßes Geburtstagsgeschenk, das ich auspacken sollte.

Eigentlich hatte ich gar keine Lust dazu, aber ihnen zuliebe riss ich mich zusammen und packte das Geschenk aus. Es war ein kleines Schränkchen für Handtücher und ich freute mich dann doch sehr darüber. Ich würde es in die Wellness-Oase stellen, die Michi mir in monatelanger Arbeit im Keller gebaut und mit einer Massageliege, einer Wärmekabine und sogar mit einer begehbaren Dusche eingerichtet hatte.

Weiterkämpfen

Bereits in den Tagen vor meinem Geburtstag war Toms Zustand besorgniserregend gewesen. Immer wieder gab es dramatische Momente, in denen man meinte, er könne jetzt sterben. Ganz tief in meinem Herzen hatte ich aber eine Gewissheit, dass er nicht sterben würde.

Als auch der Hausarzt keine akute Gefahr sah und meinte, man solle das einfach mal wieder abklären lassen, bekam ich aber doch Panik, wenn ich an das bevorstehende Wochenende dachte. Es musste etwas geschehen! Auf mein Drängen hin bekam er tatsächlich am Freitag früh, einen Tag nach meinem Geburtstag, einen Platz auf der Palliativstation. Dort stellte man fest, dass er wieder eine schwere Lungenentzündung hatte. Über einen Venentropf erhielt er ein hochdosiertes Antibiotikum.

Und zwei Tage später ging es ihm so viel besser, dass man es kaum glauben konnte: Am Freitag denkt man noch: „Er stirbt!" Am Sonntag sitzt er im Bett, läuft herum und macht alles allein. Auch die Ärzte waren immer wieder von seinem unglaublichen Lebenswillen und seiner Lebensenergie fasziniert.

Die übrigen Diagnosen, die man bei dieser Gelegenheit durch etliche Untersuchungen erhielt, waren allerdings niederschmetternd: Die beiden Tumore im Bauchraum und die Tumorherde im Brustraum waren so groß geworden, dass man sich gar nicht vorstellen konnte, wie das überhaupt alles Platz hatte, wie dieser Mensch überhaupt noch atmen konnte.

Und trotzdem: Die Lungenentzündung hatte man im Griff und Toms Lebenswillen war ungebrochen. Also beratschlagten die Ärzte sämtlicher Fachrichtungen, was man noch tun könne, um die Palliativsituation zu verbessern und Tom noch möglichst lange eine gewisse Lebensqualität zu erhalten.

Wir gingen von einem Gespräch zum anderen und staunten, wie viele Möglichkeiten es gab. Andererseits galt es aber auch, die nicht unerheblichen Risiken der verschiedenen Behandlungen abzuwägen.

Ein Vorschlag war eine palliative Bestrahlung, mit der Tom bereits 2015 gute Erfahrungen gemacht hatte. Dabei werden die Tumore gezielt bestrahlt, um sie möglichst um ein paar Zentimeter zu verkleinern. Bei Tom drückten zwei Tumorpakete auf die Hohlvenen, so dass sich das Wasser in den Beinen und bis hoch in die Lungen staute. Dann schlugen die Chirurgen aber eine Operation vor, bei der möglichst viel Tumormasse entfernt werden sollte, so dass Tom mehr Luft bekäme.

Da war es bei mir aus! Wieder eine OP, das hieße wieder Intensivstation! Die Chirurgen machen ihre Arbeit und wir bangen um den Heilungsprozess. Während ich mir das anhörte, kamen die ganzen schrecklichen Erinnerungen an Regensburg und die anderen OPs wieder hoch. „Nee! Nee, nee!", schrie es in mir. „Wenn er das macht, dann ohne mich! Dann bin ich weg! Das packe ich nicht mehr!"

Tom nahm ja jede Chance war und jede Qual auf sich. Er probierte einfach alles aus. So fing er auch jetzt an zu strahlen: „Es gibt eine Möglichkeit!" Aber ich konnte nicht mehr. In meiner Panik rief ich sogar eine Bekannte an, die OP-Schwester ist, und bat sie, Tom diese Operation auszureden. Gott sei Dank schaltete sich dann der Narkosearzt ein. Als er die Röntgen- und CT-Aufnahmen sah und dann Tom anschaute, konnte er es nicht fassen. Vor ihm saß ein robust wirkender, strahlender Mensch, dem man seine schwere Krankheit kaum anmerkte.

„Nein, Sie operiere ich nicht!", sagte er. „Sie werden mir aus der Narkose nicht mehr aufwachen. Wenn ich während der Narkose einen Tubus für die künstliche Beatmung setze und ihn dann wieder ziehe, wenn dadurch die Tumore erst auf die Seite gedrängt werden und dann wieder auf die Hohlvenen drücken, ist die Gefahr, dass Sie dann nicht mehr selbst schnaufen, dermaßen hoch – das mache ich nicht!"

Die gleiche Befürchtung hatte schon der Lungenarzt bezüglich eines anderen Eingriffs geäußert. Also war die Sache entschieden und es war gut so! Ich glaube, Tom war auch etwas erleichtert. Er entschied sich dann für die palliative Bestrahlung, damit wenigstens das Problem mit dem Wasser besser würde und dadurch auch die Atmung.

Am Tag der ersten Bestrahlung, es war Montag, der 8. Mai 2017, war ich selbst stationär im Klinikum, um die Krampfadern an meinen Beinen operieren zu lassen. Als ich Tom am Abend in seinem Zimmer besuchte, wirkte er ganz normal, aber er schilderte höllische Beschwerden durch die Bestrahlung. Er meinte innerlich zu verbrennen. Am nächsten Tag musste man die Behandlung abbrechen, schließlich entwickelte sich wieder eine Lungenentzündung und seine Leberwerte waren besorgniserregend hoch.

Nach meiner zweiten Venenoperation am Donnerstag konnte ich ihn nicht gleich besuchen. Am Tag darauf war er nicht mehr ansprechbar. Es war Freitag, der 12. Mai 2017 und es hieß, seine Leber sei zerstört. Der Körper war dabei, sich selbst zu vergiften.

Vom medizinischen Standpunkt aus gesehen, war es ausgeschlossen, dass Tom aus diesem Koma noch einmal aufwachen würde. Weil ich ja selber stationär im Klinikum war, konnte ich fast die ganze Zeit an Toms Bett sein. Wieder einmal verabschiedete ich mich von ihm und hatte doch auch wieder einen ganz tiefen Frieden.

Am Samstag, dem 13. Mai, kam dann überraschend meine Freundin Susi aus Neuendettelsau zu Besuch ins Krankenhaus, weil sie erfahren hatte, wie schlecht es Tom ging. Wir besuchten ihn dann gemeinsam und konnten kaum glauben, was wir da sahen: Tom saß im Bett, war ansprechbar und wach, seine Leberwerte hatten sich deutlich verbessert – ein medizinisches Wunder!

Toms 51. Geburtstag

Am Tag darauf feierten wir das Leben und das Wunder, dass sich wieder alles um 180° gedreht hatte. Es war Sonntag, der 14. Mai 2017, Muttertag und Toms 51. Geburtstag. In der Früh feierten wir zusammen mit Michi, Lisa, ihren Eltern und Freunden bei Champagner und Sekt. Auch das Pflegepersonal kam zum Gratulieren.

Am Nachmittag kamen dann als Überraschung ganz viele Leute aus der Gemeinde. Im mit Luftballons geschmückten Wohnzimmer der Palliativstation saß Tom im Rollstuhl, wir sangen Lobpreislieder, beteten für ihn und segneten ihn. Ganz besonders freute sich Tom über den Besuch und die Umarmung seiner Mutter.

Es war wirklich ein besonderer Geburtstag, an dem Tom viel weinte, Tränen der Freude und Tränen der Rührung. Vielleicht spürte er, dass es sein letzter Geburtstag sein würde. Am Abend lag er dann ganz schön erschöpft in seinem Bett.

Draußen begann es heftig zu regnen, der Himmel war ganz gelb und grau. Doch auf der anderen Seite der Stadt schien noch die Sonne. Kaum hatte der Regen wieder aufgehört, da sahen wir vor dem Fenster einen wunderschönen Regenbogen. Tom war zu schwach, ihn vom Bett aus richtig zu erkennen, also machte ich ein Foto für ihn.

„Wenn es hier einen Balkon gäbe", dachte ich, „dann könnte man Tom mit dem Rollstuhl hinausschieben. Er könnte die frische Regenluft genießen und den wunderschönen Regenbogen mit eigenen Augen sehen."

Unsere Silberhochzeit

Nach unseren beiden Geburtstagen stand in diesem Jahr noch ein Termin kurz bevor: Unsere Silberhochzeit! Wie sehr hatte ich es mir gewünscht, unsere Silberhochzeit zu erleben, am 12. Mai 2017 schien dieser Traum ausgeträumt. Nachdem Tom jedoch wieder einmal eine schlimme Krise überlebt und sich etwas erholt hatte, konnte er bald von der Palliativstation entlassen werden. Man hatte entschieden, nichts mehr zu machen, wir wollten einfach jeden Tag, der uns geschenkt würde, ohne Termine und ohne Druck erleben.

Unser Schlafzimmer war mittlerweile ein mit einem Pflegebett und einem Sauerstoffgerät komplett ausgestattetes Krankenzimmer. Die Chance, am 18. Juni unsere Silberhochzeit zu feiern, wurde immer realistischer.

An diesem Sonntag sollte in unserer Gemeinde ein Happy-Hour-Gottesdienst mit dem Thema „Alles Gute kommt von oben

– Gebet und Segnen" stattfinden. Dieser Gottesdienst wurde vom Team extra für unsere Silberhochzeit gestaltet. Wir wurden von der kompletten Gemeinde gesegnet und man betete für uns.

Ganz spontan ging ich nach vorne und erzählte, wie wir vor 25 Jahren in Las Vegas geheiratet hatten. Mit den Worten „Ich will bei dir bleiben, bis dass der Tod uns scheidet", erneuerte ich vor der ganzen Gemeinde mein Eheversprechen. Ich war ja wieder voller Hoffnung, dass wir noch einige Zeit miteinander haben würden, nachdem Tom sich wieder einigermaßen erholt hatte. „Damals haben wir ganz ohne Gäste geheiratet", sagte ich noch, „und nun feiern so viele Menschen mit uns unsere Silberhochzeit!"

Auf meinen Wunsch hin machten wir noch ein Foto mit ganz vielen Leuten vor dem Kreuz am Hochaltar. Leider hatte Philipp nicht aus Dresden kommen können, aber mit Michi und Lisa gingen wir zum Abschluss des wunderschönen Tages noch zum Essen in ein Restaurant. Als ich abends im Bett lag, war ich voller Dankbarkeit und Glück, dass mein Traum wahr geworden war und wir trotz Toms schlimmer Krankheit noch unsere Silberhochzeit hatten feiern können.

Leben und Glauben auf der Palliativstation

Die vielen Wochen, die Tom im Frühjahr 2017 auf der Palliativstation verbrachte, waren ja nicht sein erster Aufenthalt dort. Von Anfang an fühlte er sich so gut aufgehoben, dass jedes weitere Mal wie ein Heimkommen war.

In der Palliativmedizin geht es hauptsächlich darum, den Patienten eine gewisse Lebensqualität zu geben, wenn Heilung nicht mehr möglich ist. Zusätzlich zu den gezielten medizinischen Maßnahmen wurden wir liebevoll umsorgt mit Kaffee und Essen, wann und was man wollte. Es war fast wie in einem Viersterne-Hotel, nur unter anderen Umständen.

Als Tom zum ersten Mal auf die Palliativstation kam, wurden wir dort von Nelly* in Empfang genommen. Ich kannte sie flüchtig aus unserer Gemeinde und einem Gospelchor. Hier begann nun eine intensivere Bekanntschaft. Wenn Tom wegen seines durch die hohe Morphiumdosis gestörten Tag-Nacht-Rhythmus nicht schlafen konnte und stundenlang wach lag, schätzte er es sehr, wenn sie Nachtdienst hatte und er sich mit ihr über Persönliches und über Glaubensfragen unterhalten konnte.

Mitpatienten von Tom waren oft von seiner Lebensfreude, die er trotz seiner schwierigen Situation ausstrahlte, beeindruckt und wurden manchmal regelrecht davon angesteckt. Dass auch wir mit Gott haderten und ihn nicht verstanden, aber dass wir daran nicht verzweifelten, machte ihnen Mut.

Für mich ergaben sich oft intensive Gespräche mit Angehörigen, meist mit den Ehefrauen von Patienten.

Im Jahr 2016 lag Tom zwei Wochen mit einem gleichaltrigen Mann, der auch Thomas hieß, in einem Zimmer. Er war aus der Kirche ausgetreten und wollte von Gott nichts mehr wissen. In langen nächtlichen Gesprächen entstand in ihm aber eine große Sehnsucht nach Erlösung und dem Himmel. Als dieser Thomas acht Wochen später im Sterben lag, konnte ich bei ihm sein und mit ihm beten. Drei Stunden vor seinem Tod nahm er Jesus als seinen persönlichen Retter und Erlöser an und konnte dann ganz friedlich einschlafen. Mit seiner Frau Carola verbindet mich heute noch eine herzliche und intensive Freundschaft.

127

In der letzten Lebensphase suchen Menschen oft einen Halt. Toms Mitpatienten interessierten sich sehr für die Schilderung seiner Nahtoderfahrung. Einige Patienten auf der Palliativstation erlebten mit, wie wir zusammen beteten, und sie spürten, dass Tom trotz des Leidens einen tiefen inneren Frieden hatte und die Gewissheit, dass es ein Leben nach dem Tod gibt. Tom betete nicht, dass alles gut werden und er geheilt werden solle. Vielmehr ging es ihm um ein Getragensein, ein Hindurchgetragenwerden.

Das Hadern mit Gott war eher mein Problem, da tat es auch mir gut, dass wir oft Besuch aus der Gemeinde bekamen. Im Wohnzimmer der Palliativstation gestalteten wir kleine Andachten und Lobpreis-Nachmittage. Vom Gang aus bekamen die anderen Patienten mit, was wir da machten. Das wirkte wohl nie abgehoben oder gar abstoßend. Die Echtheit, mit der wir auch Gottesdienste gestalteten, schien ansteckend zu wirken.

Wenn es Tom einmal so schlecht ging, dass er nicht ins Wohnzimmer gehen konnte, standen unsere Freunde um sein Bett herum, hielten sich an den Händen, sangen und beteten für ihn. Wir fragten auch den Patienten im Nebenbett, ob wir ihn mit einbeziehen dürften und das war dann wirklich schön: Jemand reichte ihm die Hand und er wurde in den Kreis mit aufgenommen.

So wohltuend die Umstände auf der Palliativstation auch waren: Als Tom dort an seinem 51. Geburtstag abends dankbar, aber erschöpft in seinem Bett lag und diesen wunderschönen Regenbogen nur ganz vage durchs Fenster erkennen konnte, da hätte er so gerne die frische Luft geatmet und auf seiner Haut gespürt! Wir fragten uns: Warum hat die Palliativstation keinen Balkon? Das kann es doch nicht sein! Das Klinikum hat einen wunderschönen Park. Nicht nur für gesunde Menschen ist es wichtig, die Natur zu erleben.

Mein Zuhause in Memmingen (Foto: Christina Christ)

Tom als Kind

Tom mit 19

Heike ganz klein

Wir drei Geschwister – Armin, Petra und ich

Meine Konfirmation Mai 1979

Mein Konfirmationsspruch: Psalm 23 –
Der Herr ist mein Hirte, mir wird nichts mangeln...

Tom und ich mit 20 Jahren

Unsere
Traum-
hochzeit
in Las Vegas

18 Juni 1992

Kirchliche Trauung
6. März 1993

Die Kahnert's sind komplett!

Hurra! - Mein kleiner Bruder ist da.
Jetzt brauche ich die Erziehung nicht mehr alleine auszuhalten.

Philipp Julian
3400 g - 52 cm
hilft mir seit dem 3.4.1996 dabei.

Wir bedanken uns ganz herzlich für die lieben
Glückwünsche und Geschenke.

Michael, Heike und Thomas Kahnert

Philipp kommt auf die Welt

Die ganze Familie Sommer 1996

Unser Wohnmobil

Naomi
Advent
2016

Philipps Konfirmation, Mai 2010

Unser letztes gemeinsames Weihnachten 2016

Toms letzter Geburtstag auf der Palliativstation

Meine zwei Lieblingsfotos von Tom

Krönungsfeier – und Toms Sarg, von der Familie und Freunden bemalt

Toms erster Todestag
und zum ersten Mal
gehe ich auf den
Balkon der Palliativ-
tation.

Der Himmel reißt
auf.

Familienbild – August 2020

Unsere Schlafzimmerwand „Blick ins Paradies"

Ostern 2018 – Tulpen auf Toms Grab

Getrennt – und doch für immer verbunden!

Wie wohltuend wäre es für Menschen, die nicht mehr laufen oder in einen Rollstuhl gesetzt werden können, die schönen Bäume zu sehen, das Vogelgezwitscher zu hören.

Wäre es nicht toll, wenn die Patienten der Palliativstation in ihren Betten auf einen Balkon gefahren werden könnten? Das müsste doch möglich sein! Diese Idee ließ uns nicht mehr los.

Auch das noch!

Der 4. August 2017, ein Freitag, war ein wunderschöner, heißer Sommertag. So sonnig und heiß, dass man es in unserem Garten kaum aushalten konnte und wir dankbar waren, den Tag im natürlichen Schatten unter Nachbars Apfelbaum sitzend, verbringen zu können.

Tom war es ja die ganzen Wochen schon gar nicht gut gegangen, doch an diesem Tag ging es ihm irgendwie anders schlecht. Offensichtlich hatte er neurologische Ausfälle und solche Zuckungen, dass er nicht mal ein Glas halten konnte, alles fiel ihm aus der Hand. Das war ganz ungewohnt und irritierte mich sehr.

Trotzdem nahmen wir wie vereinbart mit Toms Zwillingsbruder und meiner Schwägerin am Abend an einer Stadtführung in Memmingen teil. Dank einer mobilen Sauerstoffflasche konnten wir zum ersten Mal das Sauerstoffgerät mitnehmen, das wir mit einem langen Verlängerungsschlauch sonst auch im Garten benutzten. Tom saß also im Rollstuhl und es war so schön, etwas zusammen zu unternehmen. Er war zwar ziemlich k.o. und müde, und nickte auch immer mal ein, dennoch gingen wir zum Ausklang dieses schönen Sommertages noch gemeinsam in einen Biergarten.

Nachdem uns Toms Bruder und seine Frau gegen 23 Uhr nach Hause gebracht und vor der Haustüre verabschiedet hatten, stellte ich den Rollstuhl in die Garage, sperrte die Türe auf und betrat den Flur.

Tom ging nach mir ins Haus, da hörte ich plötzlich einen lauten Knall. Heftig erschrocken schaute ich mich um und sah, dass Tom im Vorhaus gestürzt war und vor mir auf dem Boden lag. Als ich ihm aufhelfen wollte, wimmerte er nur: „Lass mich liegen, lass mich liegen. Es ist alles Matsche!"

Wegen meiner schlechten Augen konnte ich die Situation nicht wirklich wahrnehmen: Er liegt am Boden, ich stehe im schwach beleuchteten Flur so 1,50 m über ihm und kann nicht erkennen, was los ist!

Als er sich nicht aufhelfen lassen wollte, empfand ich das in dem Moment nicht als wirklich schlimm, er war halt gestolpert und lag jetzt da. Er sagte auch nicht, was mit ihm los sei. Also klingelte ich schnell bei unserem Nachbarn, da war noch Licht und sagte: „Der Tom ist gestürzt, ich kriege ihn nicht hoch, kannst du mir helfen?"

Er kam sofort rüber und sagte nur: „Heike ruf den Notarzt, das schaut echt nicht gut aus." Tom war so unglücklich gefallen, dass an einem Fuß ein Knochen herausschaute. Aufgeregt rief ich den Notarzt an, der ihn gleich in die Klinik brachte. Ich fuhr nicht mit, sondern versuchte, Michi zu erreichen, der dann auch gleich kam und mich ins Krankenhaus begleitete.

Dort empfand ich, wie schon so oft, die herzliche Art des Personals im Memminger Klinikum als sehr beruhigend und Vertrauen erweckend. Tom war mittlerweile beim Röntgen und die Ärztin erklärte uns, er hätte einen doppelten, offenen Bruch und müsste noch in der Nacht operiert werden.

Nun war aber eine Vollnarkose wegen der vielen Metastasen, die er im Brustbereich hatte, nicht möglich. Man hätte ihn dazu intubieren müssen und die Gefahr, dass er dann an der Beatmungsmaschine hängen würde, war viel zu groß.

Die Ärzte entschieden schließlich, ihn nur mit einer örtlichen Betäubung zu operieren und einen sogenannten Fixateur anzubringen. Mit Schrauben im Knöchel sollte ein Gestell am Fuß befestigt werden, um die Knochen wieder in die richtige Position zu bringen.

Dass es Tom in der Zeit vor diesem Unfall schon so wahnsinnig schlecht ging, lag daran, dass er enorme Wassereinlagerungen in den Beinen hatte: Die großen Metastasen in seinem Bauchraum drückten auf die Blutgefäße und verhinderten so den Abfluss des Lymphwassers. Von mehr als 10 Litern Wasser waren seine Beine ganz dick angeschwollen.

Als die Vorbereitungen für die Operation getroffen waren, durfte ich mit zum OP gehen, um mich noch einmal von ihm zu verabschieden. Da war es wieder für einen Moment, dieses ungute Gefühl, das ich schon so oft hatte, und die bange Frage: „Wird er das überleben? Oder ist das jetzt das letzte Mal, dass wir uns sehen?" Auch wenn die Gefahr für Toms Leben bei einer Operation ohne Vollnarkose nicht so groß war, war ich doch sehr besorgt.

Tom war also im OP – und ich saß davor. Allein. Wieder in Sorge um meinen geliebten Mann. Da fing ich einfach an zu heulen. Natürlich konnte ich vor dem OP nicht meine ganze Verzweiflung hinausschreien – aber in mir drinnen schrie es laut.

Wütend rief ich zu Gott: „Da erzählst du uns immer ‚Ich bin ein liebender Gott' und ‚Alles soll euch nur zum Besten dienen', aber was soll denn diese Scheiße jetzt wieder? Jetzt ist er nach acht

Wochen auf der Palliativstation endlich zu Hause – er wollte nie wieder ins Krankenhaus, sondern zu Hause bleiben – wie lange auch immer. Und jetzt ist er doch wieder im Krankenhaus – ich hasse dich!" Ja, ich schrie Gott wirklich an: „Ich hasse dich so!" Als ich meinen Gefühlen endlich mal nachgegeben und diesen Druck rausgelassen hatte, ging es mir etwas besser. Nun saß ich da und heulte Rotz und Wasser. Ich hatte nicht wirklich gebetet, nur diese Wut herausgeschrien, da überkam mich plötzlich mitten in dieser schwierigen Situation ein tiefes Gefühl der Ruhe und des Friedens.

In mir hörte ich eine Stimme, die so etwas sagte, wie: „Heike, ich heule mit dir. Ich bin da, hab keine Angst! Hab Vertrauen – ich werde etwas Gutes daraus machen."

Doch anstatt, dass ich mich darüber wunderte und dachte: „Huch, was war jetzt das?", kam ich gleich wieder in meine Wut: „Was willst du denn da noch Gutes draus machen? Was soll aus diesem Mist noch Gutes entstehen?" Das war's. Da war kein Gebet, kein „Bitte!", kein „Danke!".

Mitten in der Nacht holte Michi mich dann nach Hause, und schon morgens um fünf kam der Anruf von der Oberärztin, Tom hätte die OP gut überstanden, aber wegen der unerklärlich hohen Entzündungswerte im Blut sei er nun auf der Intensivstation. Intensivstation – das war gut, da würde er rund um die Uhr beobachtet werden. Wäre er wie geplant auf die Unfallchirurgische Station gekommen, hätte ich keine Ruhe gehabt. Doch nun konnte ich morgens um fünf endlich einschlafen.

Bereits einen Tag später bekam ich eine Ahnung davon, was Gott mir sagen wollte mit: „Hab Vertrauen, ich werde etwas Gutes draus machen!" Die Ärzte fanden heraus, dass Tom an einer schweren

Lungenentzündung litt. Darum ging es ihm auch vor dem Unfall schon so schlecht.

Seit Jahren bekam er gegen seine starken Schmerzen durch eine Morphiumpumpe ein Gemisch aus Morphium und Novamin. Weil Novamin auch fiebersenkend wirkt und er nicht hustete, erkannte man die Lungenentzündung nicht. Seit seiner 1. Operation hatte Tom keine Zwerchfellatmung mehr und wegen der Metastasen konnte er nur noch oberflächlich atmen. Dies war nun schon die 4. Lungenentzündung in wenigen Monaten. Hätte man sie nicht erkannt, wäre er vermutlich innerhalb der nächsten zwei Tage an der Lungenentzündung gestorben. Nun konnte man sie mit Antibiotika behandeln.

Nach zwei Tagen auf der Intensivstation lag Tom eine Woche in der chirurgischen Abteilung und schließlich noch ein paar Tage auf der Palliativstation. Als er am 17. August, es war Michis Geburtstag, von dort entlassen wurde, lag dieser als Überraschung oben in unserem Schlafzimmer in Toms Bett.

Unsere Freude, dass Tom wieder zu Hause war, erhielt am Abend erst noch einmal einen Dämpfer: Als er mit dem Rollstuhl auf der Toilette war, verhakte sich der Fixateur unter der Kloschüssel. Aus Angst, dass sich dadurch etwas verschoben haben könnte, kam er noch einmal zum Röntgen ins Krankenhaus. Danach konnten wir die ganze Aufregung erst einmal beruhigt abschließen.

Die rechtzeitige Diagnose der Lungenentzündung war nicht das Einzige, was dieser Unfall an Gutem bewirkte: Durch die beim Anbohren des Fußknochens entstandenen Löcher konnte das viele Wasser, das sich in Toms Beinen angestaut hatte, abfließen. So hatte er zwei Tage später ein normales Gewicht, normale Beine, er konnte fast ohne Sauerstoff atmen – im Nachhinein gesehen, waren das die intensivsten und schönsten acht Wochen, die wir noch hatten!

Der Sommer war einfach genial: Wir konnten so viel unternehmen, was vorher gar nicht mehr möglich gewesen war. Natürlich waren wir mit dem Rollstuhl unterwegs, weil er mit dem Fixateur am Fuß nicht laufen konnte. Ich musste mich auch noch viel intensiver um ihn kümmern, er konnte ja nicht mehr allein auf die Toilette gehen oder duschen.

Wegen Toms permanenter Luftnot hatten wir uns kaum noch richtig umarmen können. Nun durfte ich ihn von Kopf bis Fuß pflegen. Dadurch entstand zwischen uns noch einmal eine sehr schöne und intensive körperliche Nähe. Das bedeutete mir in dieser schweren Zeit unglaublich viel.

Acht Wochen lang hatte er diesen Fixateur. Und acht Wochen hatte er kein Wasser in den Beinen. Diese Zeit war für uns ein großes Geschenk! Und eine Lehre für mich, wie Gott aus dem größten Mist wirklich den besten Dünger machen kann.

Aus einer Idee wird ein Projekt

In dieser segensreichen Zeit mit dem Fixateur konnten wir auch weiterführen, was mit einer Idee an Toms Geburtstag begonnen hatte: Die Palliativstation soll einen Balkon bekommen! Für mich war ganz klar, dass diese Idee nicht auf unserem Mist gewachsen war, sondern dass Gott dahinterstand, weil er diesen Wunsch nicht nur von Tom kannte, sondern von vielen Palliativpatienten, die noch einmal die Sonne und frische Luft auf ihrer Haut spüren wollten. Gleich im Juni wurden wir dafür aktiv.

Im Gespräch mit dem Pflegepersonal erfuhren wir, dass eigentlich schon seit der Eröffnung der Palliativstation im Jahr 2009 ein Balkon geplant war. Doch weil die nötigen Gelder dafür fehlten, war der Plan auf Eis gelegt worden. Es gab zwar schon ein Extra-Konto, auf dem unter anderem die Spenden von Angehörigen gesammelt wurden, doch die 25.000 Euro, die bereits für den Bau eines Balkons zusammengekommen waren, würden bei weitem nicht ausreichen.

Ich informierte mich bei der Geschäftsführung des Klinikums, was ich tun könne, um als Privatperson für einen Balkon zu sammeln. Die einzige Voraussetzung war, dass ich Mitglied im Verein der Freunde und Förderer Klinikum Memmingen e.V. würde, ansonsten hatte ich freie Hand.

Also überlegten Tom und ich, was wir unternehmen könnten, wo und wie wir schnell viel Geld sammeln könnten. Dabei kam uns Toms Erfahrung als Banker zugute, auch für unsere Kirchengemeinde hatte er im Fundraising gearbeitet.

Es war klar: Wir mussten an die Öffentlichkeit gehen. Zunächst setzten wir uns mit der Pressesprecherin des Krankenhauses in Verbindung. Mit ihr zusammen machte ich einige Entwürfe, die ich dann nach Toms Entlassung mit ihm zuhause verfeinerte. Als erste Aktion stellten wir selbst angefertigte Spendendosen in Memminger Geschäften auf.

Anfangs wollten wir das Ganze anonym machen, weil nicht wir, sondern die Palliativstation und ihre Patienten im Mittelpunkt stehen sollten. Doch dann hatten wir eine hochinteressante Begegnung: Als Tom mit seinem gebrochenen Bein im Krankenhaus lag, lief uns der katholische Klinikseelsorger über den Weg. Herr Kratschmer und Tom kannten sich bereits von der Palliativstation. Wir erzählten ihm von der Balkonidee, und weil auch er sich mit Fundraising auskannte, ermutigte er uns, statt mit einem eher unpersönlichen Spendenaufruf, mit unserem Namen und einem Bild im zu gestaltenden Flyer an die Öffentlichkeit zu gehen. Wir wollten das nicht, aber nach einem Gebet mit Michael Kratschmer war uns klar, dass wir es so machen sollten. Also entstand ein wunderschöner Flyer in dem Heike und Thomas Kahnert ihr Anliegen sehr persönlich zum Ausdruck brachten.

Im September erschien in der Zeitung ein erster Artikel über das Projekt: „Jubilarin spendet für Balkon". Dass die Spenderin meine Mutter war, wurde natürlich nicht erwähnt. Sie war im September 80 geworden und hatte sich anstelle von Geschenken Geld für den Balkon gewünscht. Am 24. Oktober war der erste Pressetermin und tatsächlich kam es bald zu einer großen Spendenwelle.

Auch von Seiten des Klinikums wurde man aktiv. Man schrieb verschiedene Stiftungen an und bat um Förderung des Projektes, unter anderem auch die Ruth-Maria-Kubitschek-Stiftung in München, die Geld für unheilbar kranke und sterbende Menschen sammelt und spendet. Als die Verantwortlichen dieser Stiftung auf uns aufmerksam wurden, wollte man sich das Ganze vor Ort anschauen und auch mit den Ideengebern sprechen.

Für den 21. November 2017 plante man eine große Pressekonferenz. Es war klar, dass Tom dabei sein würde, um aus seiner Erfahrung zu erzählen, warum die Patienten der Palliativstation einen Balkon bräuchten. Es war auch klar, dass ich hingehen und in seinem Namen sprechen würde, wenn es ihm nicht gut gehen würde. Aber bis dahin war ja noch ein bisschen Zeit.

„Nicht wie bei Räubers"

Am 31. Oktober 2017 feierte man das 500-jährige Reformations-Jubiläum. Es war ein wunderbarer Herbsttag, die Natur leuchtete bunt im warmen Sonnenlicht. Tom wollte schon den ganzen Sommer endlich mal wieder in den geliebten Wald. Sein Lieblingsplatz war bei den Westerharter Weihern, wo er, wenn es ihm gut ging mit mir oder auch nur für sich allein und mit Gott spazieren ging. Doch mit dem Fixateur am gebrochenen Bein war das unmöglich und auch danach klappte es nicht, weil er bald wieder Wasser in den Beinen hatte. Ein Bekannter bot sich an Tom mit dem Rollstuhl zu den Weihern zu schieben, aber entweder fanden wir keinen gemeinsamen Termin oder das Wetter passte gerade nicht.

An diesem 31. Oktober besuchte uns eine Freundin und weil das Wetter so schön war, machten wir gemeinsam einen Ausflug zum Wildschweingehege in Tannheim. Auf den Wegen in diesem Wald ließ sich der Rollstuhl leichter schieben. Tom hatte so eine Freude! Auf Fotos sieht man, wie er strahlend vor diesem Wildschweingehege sitzt. Er stand sogar einmal auf und schob seinen Rollstuhl selber ein Stück. Es war so schön zu sehen, wie er sichtlich aufatmete und neue Kraft tankte.

Dann kam das erste Novemberwochenende und in unserer Gemeinde sollte, wie jeden 1. Sonntag im Monat, wieder ein Familiengottesdienst stattfinden. Seit unserer Silberhochzeit Mitte Juni waren wir nicht mehr im Gottesdienst, weil es für Tom körperlich einfach zu anstrengend war und wir es nie schafften, um zehn Uhr in der Kirche zu sein. An diesem trüben Novembersonntag wachte Tom um acht Uhr auf und verkündete topfit, dass er heute in den Gottesdienst gehen wolle. Weil das bedeutete, dass ich wieder organisieren musste, wer uns zur Kirche fahren könne, war ich nicht sehr begeistert.

„Es kommt bestimmt ein schöner Gottesdienst auf Bibel TV oder sonst irgendwo", sagte ich. Aber nein, Tom wollte in den Gottesdienst. „Okay", dachte ich mir, „wenn er das unbedingt will, dann mache ich ihm das möglich."

Also packten wir seinen elektrischen Rollstuhl ein, den uns eine Bekannte geliehen hatte, und kurz darauf rollte Tom pünktlich in die Frauenkirche hinein.

Tom saß im Mittelgang des Herrengestühls, das ist auch meine Lieblingsstelle in der Frauenkirche, weil man von dort einen guten Blick auf den Hochaltar hat. Ich kenne mich mit Kirchenkunst nicht so aus und finde das Innere von Kirchen eigentlich nicht so toll, doch das Bild am Hochaltar der Frauenkirche gefällt mir sehr gut. Obwohl es die Kreuzigungsszene darstellt, strahlt es so viel Hoffnung aus, dass ich es gerne in Ruhe betrachte. Dazu brauche ich mein Fernglas, sonst kann ich ja nichts erkennen. Wenn ich es so auf mich wirken lasse, fühlt es sich an, als würde Jesus direkt auf mich herunterschauen.

Nun saß also Tom mit seinem Sauerstoffgerät im Rollstuhl in diesem Mittelgang. Das Thema des Familiengottesdienstes war die Geschichte aus dem Kinderbuch Nicht wie bei Räubers. Ich kannte sie schon von einer Familienfreizeit zu diesem Thema und Tom kannte sie von einer CD, die wir auf einer Fahrt mit dem Wohnmobil an die Nordsee gehört hatten. Schon damals war er sehr beeindruckt von der Geschichte. Sie handelt von dem kleinen Tom, dem es so schlecht auf Erden geht. Er hat eine große Sehnsucht danach, dass das wieder besser wird und als er schließlich auf dem Schoß seines Königs sitzt, geht es ihm endlich richtig gut.

In der Predigt dazu ging es um die himmlischen Wohnungen, die für uns bereitet sind und wie gut es uns dort einmal gehen werde. Dieser Gottesdienst brachte für Tom die Wende: Bis dahin hatte er gekämpft und gekämpft, er wollte leben. Er wollte bei mir und bei seinen Kindern bleiben. Ich spürte, dass da irgendetwas mit ihm geschah, aber leider konnte ich sein Gesicht nicht erkennen. Ich saß in der Kirchenbank, er saß einen halben Meter von mir entfernt mit seinem Rollstuhl im Gang und schaute nach vorne. Dennoch spürte ich in meinem Herzen, dass er tief bewegt war. Und weil es zum ersten Mal nach einem Familiengottesdienst das Angebot gab, sich segnen zu lassen, nahmen wir das gerne an.

Die Frau, die uns segnete, kannte ich gar nicht. Sie kannte uns auch nicht und sah nur, dass da ein sichtlich schwerstkranker Mann um den Segen bat. Offensichtlich tief berührt, segnete sie uns für die Zeit, die uns noch blieb.

Wie gerne hätte ich die Zeit, die uns noch geschenkt wurde, viel intensiver erlebt und auch noch mehr zusammen unternommen. Aber in den folgenden Wochen befanden wir uns in einem andauernden Ausnahmezustand. Manchmal stand ich fünf bis zehn Mal in der Nacht auf, weil Tom irgendetwas brauchte. Weil er anders liegen musste, weil er schlecht Luft bekam, weil man den Sauerstoff höher drehen musste, weil ihm der Schlauch aus der Nase rutschte, weil er so unruhig war, weil er aufstehen wollte – und aufgestanden war und dann wieder zusammenbrach.

„Das ist doch kein Leben mehr, das ist doch nur furchtbar!", vertraute ich einmal meinen allerengsten Freunden an. „Warum kann er nicht endlich loslassen? Das wäre für ihn und für mich das Beste!"

Nur einmal konnte ich diesen Gedanken vor Tom nicht verbergen. In der Nacht wollte er immer laufen, laufen, laufen. Als er einmal vor Schwäche und Müdigkeit auf dem Boden zusammengebrochen war, verlor ich meine Beherrschung, ich rastete aus und schrie ihm meine ganze Hilflosigkeit und Wut entgegen. Natürlich tat mir das sofort leid und ich bin froh, dass wir uns danach gleich aussprechen konnten.

Einerseits ist es gut, dass wir nicht wissen, wann der letzte Tag, die letzte Stunde kommt, andererseits dachte ich oft: „Wie lange soll das noch so gehen? Ich schaffe das nicht mehr!"

Seit diesem Gottesdienst spürten Tom und ich unbewusst vielleicht doch, dass uns nicht mehr viel Zeit bliebe. Irgendwie schafften wir es trotz der belastenden Situation, dass Tom noch die neue Wohnung kennenlernte, in die Michi mit seiner Freundin Lisa eingezogen war. Sie hatten uns zum Abendessen eingeladen und Tom hangelte sich mit Krücken am Geländer hoch, um in den ersten Stock zu gelangen. Es bedeutete ihm so viel, Michis neues Zuhause anzuschauen und seinen Sohn und dessen Freundin für ihren Lebensweg zu segnen.

Ich bin sehr froh und dankbar, dass ich mich an diesem 5. November überwinden konnte, mit Tom in die Kirche zu gehen. Dieser Gottesdienst ermöglichte auch ihm einen Blick auf eine schöne neue Wohnung und weckte in ihm die Sehnsucht und die Vorfreude auf den Himmel.

6. Der Übergang

Toms letzte Tage

Die letzten Wochen mit Tom waren kolossal anstrengend und erinnerten mich irgendwie an das Leben mit einem Säugling. Nur ist man da jünger und man weiß, dass die schlimmen Nächte irgendwann mal ein Ende haben werden. Schlimme Nächte waren bei uns aber mittlerweile so an der Tagesordnung, dass ein Ende nicht abzusehen war. Was die Tumore und sein Allgemeinbefinden betraf, ging es Tom nicht schlechter als die ganzen Monate zuvor. Und doch war die letzte Zeit wegen seiner großen inneren Unruhe besonders heftig. Er wollte immer laufen, was mit seinem gebrochenen Bein kaum möglich war. Einige Male brach er zusammen, aber Gott sei Dank verletzte er sich dabei nicht erneut.

Im Nachhinein gesehen, funktionierte ich in dieser Phase nur noch irgendwie. Auf meinem Handy hatte ich eine Nachrichtengruppe gegründet, in der ich uns nahestehende Menschen über „Neues aus dem Nordweg" auf dem Laufenden hielt. Manchmal war ich so am Ende, dass ich eine verzweifelte Sprachnachricht an unsere betenden Unterstützer schickte. Ich klagte Gott an, dass er dieses Leid zulässt und ich klagte Tom an, warum er nicht endlich loslassen könnte. Das war doch kein Leben mehr, weder für ihn noch für mich. Aber das konnte ich ihm doch nicht sagen! Oder doch? In den letzten Monaten hatten wir eine solche Vertrautheit, dass es keine Tabus mehr zwischen uns gab.

Donnerstag, 16. November 2017

Tom wollte unbedingt einmal das Kaufhaus der Diakonie sehen, in dem ich seit einiger Zeit ehrenamtlich tätig war. Also gingen wir an diesem Donnerstag – er im Rollstuhl sitzend – zum letzten Mal gemeinsam in die Stadt. In einem Café aß er ein großes Stück Sahnetorte und wir schauten beim Aufbau des Weihnachtsbaumes auf dem Marktplatz zu.

Freitag, 17. November 2017

An diesem Tag waren wir zu einer Hochzeit eingeladen. Die Braut hatte Jahre zuvor ihren Mann an Krebs verloren und erst vor einigen Monaten eine neue Liebe gefunden. Leider mussten wir schon nach einer Viertelstunde gehen, weil es für Tom zu anstrengend war. Ich weiß nicht, was er sich dachte, als er das glückliche Brautpaar erlebte. Ob ihm bewusst wurde, was es für mich und mein Leben bedeutete, wenn das mit seinem Leiden noch lange so weiter ginge? Ich freute mich wirklich sehr für das Brautpaar, aber ich war auch ein ganz kleines bisschen neidisch. An diesem Tag fand ich den Mut, Tom einmal zu sagen, es wäre doch besser für uns alle, wenn wir loslassen könnten. Medizinisch war das Ende überhaupt nicht absehbar, doch im Nachhinein gesehen glaube ich, dass am Tag darauf Toms Sterben begann.

Sonntag, 19. November 2017

„Ihr lieben Beter, Tom geht es seit gestern wieder sehr schlecht. Die Zuckungen sind so stark, dass er gestern Abend sogar aus dem Bett gefallen ist. Er sagt, er fühlt sich innerlich so wie „aufgelöst", womit er eine starke Unruhe meint. Er fühlt sich zwischen ‚schon im Himmel' und doch auch ‚hier auf Erden'.

Manchmal ist er für Minuten so weggetreten, als wäre nur noch sein Körper da. Dann ist er wieder ganz klar und kann normal reden.

Irgendwie ganz seltsam, so haben wir das noch nie erlebt bzw. gefühlt.

Für mich ist es gar nicht so schlimm oder erschreckend. Ich habe innerlichen Frieden. Lobpreis zu hören tut uns beiden gut und wenn ihr jetzt betet, spüren wir das bestimmt auch.

Bete bitte jeder so, wie er es auf dem Herzen hat.

Heike und Tom"

Weil ich so eine evangelistische Ader habe, wollte ich an diesem Sonntag unbedingt eine Bekannte bei ihrem ersten Besuch eines Happy-Hour-Gottesdienstes begleiten. Unsere Nachbarn würden in dieser Zeit ab und zu nach Tom schauen, also ließ ich ihn schweren Herzens allein. Als ich wieder nach Hause kam, nahm ich in den vertrauten Räumen eine mir vollkommen unbekannte, außergewöhnliche Atmosphäre wahr. Dieser Sonntag war anders als alle anderen Tage zuvor. Es kam mir so vor, als wäre Tom schon ein Stück im Himmel. Ich ließ nochmal eine Gebetsmail los. Ganz viele Leute beteten für ihn und eine halbe Stunde später war Tom wie ausgewechselt: Er wollte aufstehen, er hatte Hunger. Seine Schwester brachte Rouladen, Spätzle und Blaukraut, eines seiner Lieblingsessen. Tom ging mit hinunter ins Erdgeschoss und wir aßen zusammen.

In der kommenden Nacht sprach ich eine lange Nachricht in mein Tagebuch:

„Tagebuch einer Nacht: Wir gehen um 22.30 Uhr ins Bett. Ich bin hundemüde, weil der Tag sehr anstrengend und herausfordernd war. Tom hatte keinen guten Tag. Mir zuliebe machte er das

Licht auch gleich aus, und mit Ohropax schlief ich innerhalb von fünf Minuten ein.

Was Tom noch macht, kriege ich ja nicht mit, jedenfalls schläft er nicht, hat sein Handy an, ich weiß nicht, hört er Musik? Eigentlich wollte er noch etwas lesen, aber es war gar kein Buch am Nachttisch.

Um halb zwei Uhr wache ich auf, weil er sich aufsetzt, er muss pieseln. Das dauert meist sehr lang bei ihm – so nach 20 Minuten ungefähr hat er es geschafft und ein bisschen Urin in die Flasche ablassen können. Dann gehen wir wieder ins Bett.

Um ca. drei Uhr höre ich ein ganz komisches Geräusch. Das Zuckermessgerät hat irgendeinen Alarm ausgelöst. Keine Ahnung warum. Jedenfalls sind wir wieder beide wach. Er ist total unruhig, muss sich hinsetzen, will ein paar Schritte laufen – ich versuche, ihn abzuhalten, weil er ja schon so zittrig ist. Unverständnis. Ich versuche, geduldig zu bleiben und überrede ihn, einen Hub des neuen Nasensprays zu nehmen, es ist ein Beruhigungsmittel und soll das Einschlafen erleichtern. Er nimmt es auch, es wirkt und Tom schläft ziemlich schnell ein.

Um dreiviertel fünf Uhr ungefähr wacht er wieder auf, meint er muss pieseln. Nach einer Dreiviertelstunde erfolglosem Halten der Urinflasche lassen wir das sein. Zusätzlich ist er komplett wirr im Kopf. Erzählt mir irgendwas von Gläsern, die das dritte Mal falsch geliefert worden sind. Ich bin mittlerweile natürlich total gerädert und ja, ich versuche trotzdem geduldig zu bleiben.

Dann nach einer Stunde ungefähr, er kann sich nicht hinlegen, sondern will immer am Bettrand sitzen, bin ich mit meiner Geduld doch am Ende. Da sage ich zu ihm: „Ich muss morgen die Nelly anrufen und nachfragen, was die mit Leuten auf der Palliativstation machen, die einfach nicht im Bett bleiben können."

Das macht ihn so traurig, dass er wirklich anfängt zu weinen. Er sagt, es kann doch nicht sein, dass er im Bett bleiben muss. Er will aufsitzen, er will laufen. Ich bin so verzweifelt, dass ich mitweine. Er setzt sich dann allein auf einen Stuhl – mittlerweile ist es sechs oder halb sieben Uhr – da fällt mir siedend heiß ein: Wir haben ein wichtiges Medikament seit drei Tagen nicht genommen! Vielleicht ist das der Grund, dass er nicht schlafen kann. Diese Unruhe. Er muss schon wieder aufs Klo. Also mit dem Klowagen ins Bad. Decke rum, damit es vom Rücken nicht so kalt ist.

Das ist mein Tagebuch einer Nacht, damit ihr Verständnis habt, wenn ich am nächsten Tag nicht fit und ausgeschlafen bin. Es ist jetzt sieben Uhr und ich warte darauf, dass es endlich hell wird."

Montag, der 20. November 2017

Auf die schreckliche Nacht folgte ein sehr guter Tag! Weil es draußen ganz eklig nasskalt und nieselig war, hatten wir nach der unruhigen Nacht erst recht keine Lust aufzustehen. So machten wir es uns den ganzen Montag in unserem Schlafzimmer gemütlich. Wir hörten Musik, schauten zusammen Fotoalben an und entdeckten dabei endlich ein Bild, das wir lange gesucht hatten: Das wunderschöne Foto von uns beiden in einer Landschaft vor einer gigantischen Bergwelt sitzend, das wir auch als Poster an der Wand hängen hatten. Wir wussten beide nicht mehr, in welchem Urlaub dieses Foto gemacht worden war und waren gespannt, wann wir mal das Album mit diesem Foto erwischen würden. An diesem Montagnachmittag konnten wir nun in Erinnerungen an unseren Urlaub 1986 auf Zypern schwelgen.

Merkwürdigerweise hatte ich beim Betrachten dieser Urlaubs-fotos den Impuls, Tom mit einem schmerzhaften Thema zu kon-frontieren: „Du Schatzi, wenn jetzt wirklich dieser Tag mal kommt und du vor mir sterben solltest, sollen wir dann eigentlich alles so belassen, wie wir es besprochen haben?" Er antwortete, ja, von ihm aus solle alles so bleiben, aber wenn ich dann merken würde, dass irgendetwas doch nicht passend und stimmig sei, dann solle ich es so machen, wie ich es richtig fände.

Ich fragte ihn noch, wer denn nun den Abschiedsgottesdienst halten solle, darüber waren wir uns noch uneinig. Meine allererste Wahl war unser guter Freund Andreas Güntzel zusammen mit Ste-phan und Haike Ranke. Damit war er nun einverstanden, wobei wir nicht ahnen konnten, dass es bereits fünf Tage später genauso sein würde.

Schließlich sagte ich noch zu ihm: „Du Schatzi, kannst du mir was versprechen?" 32 Jahre lang erhielt ich auf diesen Satz die Antwort „Versprechen tu ich dir gar nichts, du musst erstmal sagen, was." Doch diesmal antwortete er: „Ja, ich verspreche es dir!" Erstaunt sagte ich „Du weißt ja noch gar nicht, was ich mir wünsche!". „Trotzdem! Also sag, was ich dir versprechen soll!". „Ich wünsche mir, dass du mich, wenn ich dann irgendwann mal nachkomme, an der Himmelspforte abholst, und zwar gemeinsam mit Helmut Jürgen, meinem großen Bruder, den ich nie kennengelernt habe." Er sagte ganz ernst: „Ja, das verspreche ich dir!"

Und dann sagte er noch „Heike, bleib nicht zu lange allein! Du bist zu jung, verlieb dich wieder!" Und obwohl ich überhaupt nicht darauf antwortete und mich nur fragte, wie er jetzt so etwas zu mir sagen konnte, gab mein Unterbewusstsein ihm offenbar ein

Versprechen. Ich konnte mir wirklich nicht vorstellen, mich jemals wieder zu verlieben, dennoch sagte ich: „Ja, ich werde dir diesen letzten Wunsch erfüllen!"

An diesem Abend rief dann Nelly noch an, weil ihre Tochter sich bereit erklärt hatte, mich demnächst einmal in der Woche zu entlasten. Wir hatten keinen Krankendienst gefunden, der Tom hätte pflegen können und Herr Schreiber*, der Mitarbeiter des Hospizvereins, kam ja immer nur für zwei Stunden. Weil ich aber kaum noch eine Nacht richtig schlafen konnte und tagsüber wie eine Maschine funktionierte, war diese Zeit furchtbar anstrengend. Mit einer weiteren Unterstützung hätte ich ab und zu mal einen ganzen Tag frei.

Als ich nun mit Nelly telefonierte, erzählte ich ihr, wie furchtbar die letzten Tage und Nächte waren, und dass ich gestern schon das Gefühl hatte, Tom sei ein stückweit im Himmel. Menschen, die auf der Palliativstation arbeiten, erleben es immer wieder, dass Patienten, die noch keinen Frieden finden, sich schwer tun mit dem Sterben, weil sie nicht loslassen können.

Daher fragte Nelly mich jetzt: „Was könnte es sein, das Tom nicht loslassen kann?" Ich überlegte, aber mir fiel nichts ein. Mit seinen Eltern war er im Reinen und mir hatte er in den letzten Monaten noch etwas gebeichtet, das ihm auf der Seele lag.

Da war es plötzlich, als ginge ein Vorhang in mir auf und ich weinte ins Telefon: „Nelly, weißt du was? Ich bin es, die nicht loslassen kann!" Obwohl ich seit zwei Jahren sagte: „Ich kann Tom loslassen. Ich weiß, wenn er stirbt, geht es ihm besser. Ich weiß, ich werde das Leben allein schaffen!", erkannte ich in diesem Moment meine Sorge, wie es finanziell bei uns weiter ginge, wenn Tom nicht mehr wäre! Natürlich wusste ich, dass wir eine gute Summe gespart hatten und das Haus abbezahlt war.

„Aber wieviel Witwenrente werde ich bekommen? Wie soll das gehen mit Philipp im Studium, der kein Bafög bekommt? Mit meinen kranken Augen werde ich niemals wieder arbeiten können. Wenn Tom nicht mehr lebt, fällt nicht nur die monatliche Zahlung der Berufsunfähigkeitsversicherung weg, sondern auch die mir seit eineinhalb Jahren zustehende Rentenversicherung als pflegende Angehörige.“

Ich hatte also unbewusst und ohne, dass ich mir das eingestehen wollte, große Angst um meine finanzielle Zukunft. Nelly hörte sich alles an und schlug dann vor, dass wir über das Telefon zusammen beten könnten.

So sprach ich zu Gott: „Ich möchte Dir vertrauen, so wie Du es uns auch in Deinem Wort sagst. Du sorgst für die Spatzen und die Lilien und was weiß ich … und wieviel mehr sorgst Du für uns. Ich will dir vertrauen, dass Du mich, wenn Tom einmal tot ist, finanziell nicht hängenlassen wirst. Dass es mir gut gehen wird, auch wenn ich wegen meiner Augen nicht mehr berufstätig sein kann. Diese Sorge, diese Angst gebe ich jetzt an Dich ab ans Kreuz.“

Tom wusste nichts von dieser Sorge und auch von dem Telefongespräch erzählte ich nichts. Doch mir hatte es gutgetan, mir dieser Sorge bewusst zu werden und sie an Gott abzugeben.

Später am Abend dieses besonderen Tages rief dann noch Philipp aus Dresden an und erzählte uns freudestrahlend, dass er mit seinen WG-Mitbewohnern eine neue Wohnung angeschaut hatte, und dass die Chancen recht groß seien, die Wohnung zu bekommen. Er bräuchte nur bitte von uns eine Unterschrift bezüglich der Finanzierung der Miete. Dann schickte er uns Fotos dieser Wohnung aufs Handy, die wir uns abends um 21 Uhr noch zusammen anschauten. Tom freute sich, dass das wahrscheinlich klappen würde und telefonierte selbst noch mit Philipp. Das war ihr letztes Gespräch.

Michi hatte Tom am Abend zuvor zum letzten Mal gesehen, als er half, ihn ins Bett zu bringen. Obwohl wir einen elektrischen Treppenlifter hatten, war das für mich in den letzten Monaten immer schwierig, ihm allein von unten nach oben zu helfen.

Nach der schwierigen Nacht zuvor, war dieser Montag also ein total schöner und ausgeglichener Tag, ganz friedlich und liebevoll. Im Nachhinein betrachtet wurde mir erst recht klar, wie wichtig die Gespräche waren, die wir noch führen konnten. Wir schliefen dann relativ bald Händchen haltend ein, nachdem wir uns wie jeden Abend gegenseitig mit einem Kreuz auf die Stirn für die Nacht gesegnet hatten.

Dienstag, der 21.11.2017

Am nächsten Morgen wurden wir beide schon um halb fünf wach. Da sagte Tom: „Ach, Schatzi, warum mache ich dir eigentlich den Segensgruß immer auf die Stirn? Weißt du was? Ich schreibe ihn dir fest für immer." Liebevoll machte er mir das Kreuzzeichen aufs Herz. Das fand ich so schön! „Au ja, das machen wir!", sagte ich und machte es bei ihm genauso. Dann schliefen wir wieder ein und erwachten ohne Wecker erst recht spät.

„Es ist schon 9.28 Uhr! Jetzt aber! Ab in die Puschen!" Um 10.30 Uhr wollte Herr Schreiber vom Hospizdienst zur Betreuung kommen, weil ich um 11 Uhr einen Arzttermin hatte. Ich wurde richtig hektisch und sagte: „Anziehen und Waschen machen wir nach meinem Arzttermin, das schaffen wir jetzt nicht. Ich mache jetzt nur

Katzenwäsche und ziehe mich schnell an." Ich setzte Tom auf den Toilettenstuhl und fuhr ihn ins Bad. Da saß er noch um Viertel vor Zehn, während ich Frühstück machte. Wir frühstückten immer oben im Schlafzimmer an einem Krankenhausnachttisch, den wir mit buntem Papier bezogen hatten, damit es nicht ganz so nach Krankenhaus aussah.

Als ich ihn fragte, was er frühstücken möchte, gab er eine richtige Bestellung auf: „Hmm, Kaffee und dazu bitte zwei Birnenbrote und einen Smoothie – ach nee, und einen Tee auch." Ein Smoothie, jetzt wo ich so in Hektik bin! Smoothies machten wir nämlich immer selbst aus Früchten und Nüssen. Ich bin so froh, dass ich ihm das nicht verwehrte. Ich machte ihm einen Erdbeer-Smoothie und telefonierte zwischendrin noch mit dem Arzt. Man hätte zur Kontrolle der Entzündungswerte dringend mal wieder Blut abnehmen müssen. Tom hatte ja schon wieder eine Lungenentzündung gehabt, die aber nicht mehr behandelt wurde.

Ich brachte ihm das Frühstück nach oben, doch weil die Zeit so knapp war, lasen wir an diesem Morgen nicht wie sonst in der Früh die Tageslosung und beteten nicht zusammen. Ich setzte mich nicht zu ihm, was ich später sehr bedauerte. Mittlerweile habe ich meinen Frieden damit. Es war, wie es war!

Um fünf Minuten vor halb elf Uhr klingelte es an der Haustüre und Herr Schreiber kam herein, während ich noch am Telefon den Arzttermin vereinbarte. Ich sagte zu ihm: „Mein Mann ist oben, gehen Sie schon mal hoch." Um dreiviertel elf Uhr wollte mein Vater kommen und mich abholen.

Es war so ungefähr eine Minute vor halb elf Uhr, ich war fertig mit dem Telefonat, hatte meine Schuhe schon an und ging hoch, um mich von Tom zu verabschieden. Da sah ich, wie Herr Schreiber am Boden kniete und meinen Mann im Arm hielt. „Was ist denn hier passiert? Was ist denn los?", fragte ich. „Ich weiß es auch nicht", sagte er. Als er hochgekommen war und Tom begrüßen wollte, grüßte der nicht zurück, sondern langte sich an die Brust und wollte seine Jacke ausziehen. Herr Schreiber fragte ihn: „Ist Ihnen heiß, Herr Kahnert? Soll ich Ihnen helfen?" Aber es kam keine Antwort mehr zurück.

Tom versuchte die Jacke auszuziehen und rutschte von seinem Toilettenstuhl, auf dem er noch während des Frühstücks gesessen hatte. Herr Schreiber hatte ihn gerade noch auffangen können, als ich dazu kam.

Mit meinen schlechten Augen erkannte ich die Situation nicht sofort, ich sah nur: Tom ist total rot verschmiert und auch der Boden ist rot. Ich erschrak heftig, weil ich dachte, das sei Blut. Zwei oder drei Tage zuvor hatte Tom Blut gespuckt. Panisch beugte ich mich zu Tom und legte meine Arme um ihn. Er schnaufte so komisch. Ich dachte nur: „Hilfe! Er hat wieder erbrochen, Blut erbrochen, und erstickt jetzt an seinem Blut!" Ich erkannte nicht, dass die rote Farbe vom Erdbeer-Smoothie kam.

Mit Gewalt machte ich ihm den Mund auf, weil ich dachte, da hängt irgendwas, aber da war nichts! Voller Panik rief ich: „Herr Schreiber, Herr Schreiber, er erstickt, er erstickt! Was soll ich denn tun?!" Dann griff ich schnell zum Telefon und rief den Notarzt an. Komischerweise wurde ich plötzlich ganz ruhig. Ich ließ Tom in den Armen von Herrn Schreiber zurück und ging hinunter, um dem Notarzt die Haustüre aufzumachen. Dann rief ich meinen Arzt an, um den Termin abzusagen. Zu diesem Zeitpunkt war mir noch nicht wirklich klar, was da eigentlich gerade geschah.

Schon kurz darauf war die Notärztin da. Als sie mit dem Sanitäter hochkam und Tom da liegen sah, wussten sie vermutlich gleich, dass sie nichts mehr für Tom tun konnten, so ruhig waren sie. Solche Bilder waren ihnen ja vertraut: Sauerstoffgeräte und Morphiumpumpe – ein relativ junger Patient in einem komplett eingerichteten Krankenzimmer.

„Was ist denn passiert?", fragte die Ärztin ganz ruhig. Ich sagte, dass er offenbar keine Luft bekäme. Dabei hätte mir eigentlich schon klar sein können: „Moment mal, er atmet ja gar nicht mehr!" Aber das nahm ich gar nicht richtig wahr. „Hmm, was ist denn sonst noch?" Ich zählte Toms Diagnosen auf und die Ärztin fragte, ob Tom eine Patientenverfügung habe. Ich sagte: „Ja, aber ich muss sie erst raussuchen." Doch die Ärztin glaubte mir auch so, als ich sagte, dass Tom im Falle eines Falles keine Wiederbelebung wünsche. Ich wunderte mich selbst, wie ruhig ich die ganze Zeit über war.

Unser Schlafzimmer war ja nicht sehr groß und mit den vielen Menschen darin, war es nun ganz schön eng. Herr Schreiber war schon hinuntergegangen und die Ärztin sagte: „Wir legen Ihren Mann jetzt erst einmal aufs Bett." Aber auch da verstand ich noch nicht, was gerade geschehen war.

Ich ging hinunter, weil mein Vater den Notarztwagen gesehen hatte und mittlerweile ganz verstört im Flur stand. Ich weiß nicht, wie lange ich mit ihm und Herrn Schreiber unten im Gang gestanden hatte, als der Rettungssanitäter herunterkam und sagte, dass es um Tom sehr schlecht stünde. Dann kam auch schon die Notärztin und sagte: „Es tut mir sehr leid, aber Ihr Mann ist verstorben."

„Ich bin in einem falschen Film!", dachte ich. „Das betrifft jetzt nicht mich!" Ich konnte nur stammeln: „Wie …?

Da sagte die Ärztin noch einmal: „Ja, es tut mir leid, wir konnten nichts mehr für Ihren Mann tun." Ich schrie auf, es schüttelte mich und ich bekam einen Heulkrampf: „Nein, das darf doch nicht sein! Natürlich darf er sterben und es ist ja auch gut so – wir wissen ja, dass alles besser ist – aber doch nicht so!!! Meine Kinder wollten doch dabei sein, ich wollte doch dabei sein! Wir wollten doch hier in aller Ruhe bei ihm am Bett sitzen, wenn er seinen letzten Atemzug … doch nicht so!"

Wie eine Gestörte schrie ich die Ärztin an. Mein Vater stand erstarrt daneben, so hatte ich ihn noch nie gesehen. Ich weiß nicht, wie lange es dauerte, bis ich realisierte: Tom ist gerade gestorben!

Fragte die Ärztin mich, ob ich ihn sehen wolle oder ging ich einfach nach oben? Ich betrat unser Schlafzimmer und sah Tom in unserem Bett liegen. Zufällig trug er an diesem Tag sein rotes T-Shirt, sein Lieblings-T-Shirt in seiner Lieblingsfarbe. Man hatte ihn auf das blaue Kissen gebettet, das er vor Jahren von unseren Freunden Susi und Andreas bekommen hatte, als er auf der Palliativstation lag. Es hatte die Form einer Krone.

Ich weiß nicht, wann ich dann wirklich realisierte, was geschehen war, es fühlte sich alles so irreal an: Wir hatten so lange Zeit gehabt, uns mit diesem Gedanken zu beschäftigen – hundert Mal hatten wir uns vorgestellt: Wie wird es sein? Tom hatte so eine Angst vorm Sterben gehabt. Ich hatte zwar etwas weniger Angst, aber wer fürchtet sich nicht davor? Hundert Mal malst du dir aus: „Wie wird es kommen? – Wie wird es sein?" Und dann kommt es doch ganz anders – und doch auch so gut! So friedlich und schön. Und so schnell.

Sofort machte ich mir Vorwürfe und dachte nur: „Warum hast du denn jetzt den Rettungsdienst gerufen, das hätte jetzt wirklich nicht mehr sein müssen, diese Hektik und diese Aufregung!"

Andererseits erkannten die Ärztin und der Sanitäter die Situation gleich richtig und leiteten keine Wiederbelebungsmaßnahmen mehr ein. Sie nahmen ihn einfach und legten ihn behutsam und schön ins Bett.

***

Im Nachhinein gesehen war das für mich einmal mehr eine Erfahrung, wie Gott aus dem größten Mist und aus der schlimmsten Situation einen wahren Segen machen kann: Weil ich so aufgebracht gerufen hatte „Er darf doch sterben, aber nicht so!" oder wegen meines total verstörten Vaters, hatte die Notärztin angeboten ein Kriseninterventionsteam zu rufen. Zunächst hatte ich abgelehnt aber dann doch ja dazu gesagt. So erschienen kurz darauf zwei Seelsorgerinnen.

Mittlerweile war meine Mutter gekommen, die auf dem Heimweg von einem Arzttermin den Notarztwagen vor unserer Türe gesehen hatte. Nun kümmerte sich eine der beiden Frauen um meine Eltern, die andere kümmerte sich um mich und ersetzte in diesem Moment meinen Verstand. Ich wusste überhaupt nicht, was zu tun sei.

Muss ich als erstes den Bestatter anrufen? Oder eher den Arzt, dass er kommt, weil die Notärztin zwar den Tod bescheinigen darf, aber der Totenschein vom Hausarzt ausgefüllt werden muss? Oder muss ich als erstes meine Kinder anrufen?

Ich war ganz durcheinander, so eine Situation hatte ich ja noch nie zuvor erlebt! Die Seelsorgerin sorgte für Ruhe und Klarheit: „Jetzt setzen wir uns erstmal eine Stunde hin, wir machen uns einen Tee und Sie erzählen mir, was Ihnen gerade auf dem Herzen liegt."

Ich glaube, ich erzählte ihr dann die Geschichte, wie ich meinen Mann kennengelernt hatte. Ich weiß es gar nicht mehr genau. Auf alle Fälle tat es gut, mit ihr zu reden.

Für meine Eltern war die Begegnung mit der Notfallseelsorgerin ein besonderer Segen: Vor allem meine Mutter hatte große Probleme, mit dem Thema Tod umzugehen. 54 Jahre hatte sie die Augen und ihr Herz davor verschlossen und den Tod ihres ersten Kindes nie betrauert. Sie hatte das tote Kind nicht gesehen und konnte sich nicht daran erinnern, auf seiner Beerdigung gewesen zu sein. Auch ihre toten Eltern hatte sie nicht gesehen und an der Beerdigung ihres verstorbenen Patenkindes konnte sie nicht teilnehmen, jedes Mal wurde ihr schlecht und sie musste weggehen.

Die Notfallseelsorgerin ging dann mit meinen Eltern hoch und saß mit ihnen zwei Stunden an Toms Bett. Meine Mutter hatte nun die Gelegenheit, zum ersten Mal in ihrem Leben einen Toten anzusehen und zu berühren. Und zum ersten Mal konnte sie von ihrem toten Kind erzählen. Das tat ihr sehr gut und veränderte sie sehr.

Ich bin unglaublich dankbar dafür, wie Gott das alles geführt hat: Hätte ich den Notarzt nicht gerufen und wären die Notfallseelsorgerinnen nicht gekommen, wäre meine Mutter heute noch in ihrem Schmerz von vor 54 Jahren gefangen. Es ist fantastisch, wie Tom selbst im Sterben noch so ein Segen sein konnte. Er war ja in seinem ganzen Leben und vor allem in den letzten 10 Jahren ein großer Segen für so viele Menschen. Aber selbst im Moment seines Sterbens ist etwas Gutes daraus geworden.

Der Tag war dann schon noch schwierig für mich: Ich konnte Philipp in der Uni nur eine Nachricht hinterlassen, er solle mich dringend zurückrufen. Michi konnte ich gar nicht erreichen, er war zu der Zeit auf der Meisterschule in Augsburg. Irgendwann riefen beide zurück, aber ich konnte ja nicht einfach sagen: „Kommt bitte schnell her!" Es fiel mir schwer, ihnen am Telefon zu sagen, dass ihr Papa gestorben war. Wie sehr hätte ich mir gewünscht, Toms Sterben wäre absehbar gewesen und wir hätten gemeinsam bei ihm sein können. Letztendlich war es aber doch besser für uns alle, dass wir nicht dasitzen und auf Toms letzten Atemzug hatten warten müssen.

Um 17 Uhr am Abend brachte der Bestatter den Sarg. Schon im Voraus hatten wir vereinbart, dass Toms Leichnam mindestens eine Nacht und einen Tag zu Hause bleiben würde, so dass am nächsten Tag jeder, der das gerne wollte, kommen konnte, um sich zu verabschieden und den Sarg miteinander zu bemalen. Fingerfarben und bunte Eddingstifte hatten wir schon einige Zeit vorher besorgt.

Neues aus dem Nordweg 21.November 2017

„Tom ist heute Morgen um 10.30 Uhr ganz friedlich gestorben – in unserem Schlafzimmer mit Blick auf den Sonnenaufgang an unserer Wand, so wie er es sich immer gewünscht hat. Er liegt jetzt in seinem Bett und ein tiefer Friede ist bei uns im Haus.

Wer möchte, hat morgen den ganzen Tag über Gelegenheit, sich persönlich von ihm zu verabschieden. Sein Wunsch ist es, einen bunten, kreativen selbst bemalten Sarg zu bekommen. Der steht jetzt hier im Wohnzimmer und kann von euch mitgestaltet werden. Fühlt euch bitte ganz frei und hört in euch rein, wie es passend ist, zu kommen oder ihn so in Erinnerung zu behalten, wie ihr ihn gekannt habt.

Eine Abschieds-, Trost- und Auferstehungsfeier wird es am kommenden Wochenende geben, genauen Ort und Zeitpunkt werde ich noch bekannt geben. Danke und herzliche Umarmung an alle."

***

Der folgende Tag war dann ein Tag der offenen Tür: Von morgens bis abends war das Haus voller Menschen, die sich von Tom verabschieden wollten und den Sarg liebevoll mit Abschiedsgrüßen bemalten – er wurde wunderschön! So war der 22. November der Tag des Abschieds. 32 Jahre zuvor, hatte ich genau an diesem Tag meinen Mann kennengelernt.

Donnerstag, 23. November 2017

Um 9 Uhr am Morgen kam der Bestatter, um den Sarg abzuholen. Weil ich so viel Zeit gehabt hatte, mich von Tom zu verabschieden, war das nun gar nicht mehr so schlimm für mich.

Dabei erlebte ich noch etwas ganz Besonderes, etwas, das mir einmal mehr bestätigte, dass unser Glauben an die Auferstehung nicht bloß ein Wunschgedanke ist: Als der Bestatter Toms Leiche sah, fragte er ganz erstaunt: „Wie viele Jahre war ihr Mann krank, wie viele Jahre hat er Morphium genommen?" Er konnte das gar nicht glauben.

Normalerweise verändert sich der Körper von Morphiumpatienten oder Menschen, die eine Chemotherapie oder Bestrahlung bekommen haben nach ihrem Tod innerhalb kürzester Zeit. Er sagte: „Der Leichnam Ihres Mannes sieht aus, wie der eines gesunden Mannes, der an einem Herzinfarkt oder so gestorben ist. Das kann eigentlich gar nicht sein!" Und selbst nach den 48 Stunden, die ich ihn zu Hause hatte, hätte eine Entstellung eintreten müssen. Doch Tom sah nach seinem Tod genauso lebendig aus wie zuvor. Das erste Foto machte ich zwei Stunden nach seinem Tod und das letzte dann, als er im Sarg aus dem Haus getragen wurde. Auch Stephan Ranke, unser Pfarrer, der ja wirklich schon vielen Verstorbenen begegnet war, sagte, er hätte das so überhaupt noch nie gesehen.

***

Für mich ist das nicht nur so eine Behauptung, für mich ist das eine Gewissheit, die ich Monate später in einem Segnungserlebnis von Gott bekam: Ich war im Segnungsteam, als eine Frau, die ich nicht kannte, sich segnen ließ. Seit ich diese lebendige Beziehung zu Jesus habe, erlebte ich zweimal in einer Segnung selbst einen so tiefen Frieden, dass ich mich komplett loslassen konnte und von den Segnenden aufgefangen wurde. „Im Heiligen Geist ruhen", nennt man diesen hypnoseähnlichen Zustand. Ich glaube, so muss das Gefühl im Himmel sein, so wunderschön und berauschend, dass man es für immer behalten möchte.

Tom hatte das nie erleben können. Um diesen Zustand zu erreichen, muss man seinen Verstand gänzlich ausschalten und sich wirklich loslassen. Bei ihm war da wohl immer eine Sperre. Das fand ich sehr schade, weil ich ihm so sehr gewünscht hätte, einmal diese wunderbare Leichtigkeit zu spüren.

In dieser Segnung nun war eine Frau, die zwar ein bisschen schwankte, aber auch nicht ganz loslassen konnte. Das machte mich traurig, weil ich an Tom dachte, dem es auch immer so ergangen war.

In dem Moment, als ich die Frau segnete, hörte ich zum ersten Mal nach langer Zeit wieder die Stimme, die ich gehört hatte, als mir die Eichhörnchen begegneten: „Heike, hab Vertrauen!" Die mir einst gesagt hatte: „Halte diese Frau an." Und jetzt hörte ich diese Stimme wieder: „Heike, sei nicht traurig! Einmal hat Tom diese Erfahrung gemacht. Im Sterben konnte er loslassen und das für immer."

Der Moment seines Sterbens war wie eine Segnung für die Ewigkeit: Wie bei den Segnungen waren zwei Menschen da, die ihn hielten, Herr Schreiber und ich. Als er in unseren Armen lag und ich dachte, er würde ersticken, machte er seine letzten drei Atemzüge. In diesem Frieden ruht sein Geist jetzt für immer, für mich die Erklärung, warum der Körper sich in diesen zwei Tagen zu Hause nicht veränderte.

So konnten unsere Kinder und alle Leute, die von ihm Abschied nahmen, ihn noch so sehen, wie sie ihn gekannt hatten. Das ist für mich ein großes Geschenk von Gott: Wenn mir vorher jemand gesagt hätte, dass Sterben so schön sein kann, hätte ich mir niemals so viele Gedanken darum gemacht!

***

Und noch ein Geschenk hatte Gott für mich, das wurde mir aber erst ein paar Monate nach Toms Tod so richtig bewusst: 2014 waren Tom und ich als Schüler in der Werkstatt für Seelsorge gewesen. Damals bekam ich in einer Andacht einen Impuls, den ich niederschrieb: „Ich sehe mich in einem Zimmer, in dem eben jemand gestorben ist. Der Verstorbene liegt im Bett und da ist ein Frieden, der so übernatürlich ist, wie nie zuvor. Mir geht es dabei einfach nur gut – und alles ist so heimelig." Das hatte ich bald wieder vergessen. Gott hatte mir also dreieinhalb Jahre zuvor schon gezeigt, wie dieses Sterben sein würde.

Aber erst als ich ein paar Monate nach Toms Tod als Mitarbeiterin in der Werkstatt für Seelsorge 2018 teilnahm, fand ich diese Notiz wieder. Aus Versehen hatte ich den Ordner von 2014 eingepackt und mich furchtbar geärgert. Wie konnte das passieren? Ich hätte doch trotz meiner schlechten Augen einen Vierer von einem Achter unterscheiden müssen! Als ich dann in diesem Ordner die Notiz mit dem Impuls fand, war mein Ärger schnell verraucht. Auch diese Erfahrung gehörte noch zu Toms letzten Tagen, zu unseren letzten Tagen!

Neues aus dem Nordweg, 23. November 2017

„Ihr Lieben, die ihr die ganzen Jahre so treu an unserem Schicksal teilgenommen habt. Ich schicke euch heute ein letztes Mal „Neues aus dem Nordweg", vielleicht mag es den einen oder die andere geben, die mich jetzt für total verrückt halten, dies mit euch zu teilen. Aber für mich ist es stimmig so.

Auf den Tag genau vor 32 Jahren sind Tom und ich uns das erste Mal begegnet. (Ganz unromantisch in einer Disco). Wie viele von euch wissen, war es Liebe auf den ersten Blick. Wir haben die ganze Nacht geredet und hatten das Gefühl, wir würden uns schon ewig kennen. Morgens gegen halb vier habe ich ihn dann in sein Elternhaus gefahren. Es hat geschneit und war eiskalt im Auto, weil wir da auch noch mindestens eine Stunde gesessen sind.

Und jetzt (es ist auch eiskalt in unserem Schlafzimmer) liege ich ein letztes Mal neben ihm, bis er morgen früh in seinem wunderschön gestalteten Naturholzsarg das letzte Mal unser gemeinsames Zuhause verlässt. Ich weiß, seine Seele ist am Dienstagmorgen, als er verstorben ist, zu Jesus geflogen und jetzt liegt da neben mir nur noch sein leiblicher Körper (Der mich nicht schimpfen kann, dass ich hier morgens um fünf Sprachnachrichten diktiere).

Trotzdem fühlt es sich immer noch alles so lebendig an. Und ich denke, dass das auch normal ist, beziehungsweise sein darf. Schließlich liebe ich ja nicht nur Toms Seele und sein Wesen – sondern auch seinen Körper seit 32 Jahren. Seine Seele konnte ich gut loslassen – und jetzt fühlt es sich auch richtig an, seinen Körper loszulassen ...

Lieber Gott, von ganzem Herzen danke ich dir, dass du mir diesen wunderbaren Mann und unseren Söhnen diesen tollen Papa geschenkt hast. Dass wir so viele lange Jahre gemeinsam erleben durften, durch dick und dünn gehen, durch Höhen und Tiefen und mit deiner Hilfe auch alles so gut hinbekommen haben. Keinen einzigen Tag möchte ich missen.

Und jetzt gebe ich ihn dir – mein Jesus, mein Freund, mein Retter – ganz zurück in deine liebenden Hände.

Danke, dass ich nicht nur die Hoffnung, sondern auch die Gewissheit haben darf, dass es Tom bei dir jetzt viel, viel besser geht, als es ihm bei uns hier gegangen ist.

Ich liebe euch beide, für immer und ewig. Und ich freue mich jetzt schon so sehr, euch eines Tages dann beide gemeinsam zu treffen. Wenn ihr mich an der Himmelspforte abholen werdet und ich auch diese Herrlichkeit schauen darf, die ihr jetzt schon seht. Bis dahin würde ich gerne noch ein paar Jahre hier auf Erden leben, frei sein, reisen, all das tun und machen, was ich will.

Vielleicht werden das jetzt auch einige nicht verstehen, aber ich freue mich: Auf dieses neue Leben – und ich habe heute bereits

meinen ersten Urlaub gebucht für April 2018.
Seid alle ganz herzlich umarmt und gesegnet. Heike"

Auf diese Nachricht erhielt ich viele sehr nette Reaktionen. Stellvertretend für all die tröstlichen Worte, die ich erhalten habe, möchte ich eine E-Mail zitieren:

„Liebe Heike, vielen Dank für Deine Nachricht – Gott segne Dich in Deiner Trauer und tröste Dich mit Seiner liebevollen Gegenwart.

Ich weiß noch, wie Du vor vielen Jahren in Starnberg auf meinem Trauerseminar warst – und merktest, dass es gar nicht so leicht ist, mit der noch „geschenkten Zeit" umzugehen, wenn man schon auf Abschied eingestellt ist.

Wenn ich an Deine Mails über die Jahre denke, war ich immer wieder berührt, wie sehr Ihr das Beste aus diesen geschenkten Jahren gemacht habt!

Ihr seid ein Zeugnis für mich gewesen – und auch heute mit Deiner Nachricht, voller Dankbarkeit, Hoffnung und Liebe, bist Du es auch wieder. Schön, dass ich ein wenig Anteil nehmen durfte an Eurem Weg.

Du hast viel zu geben – Ihr habt viel erlebt.

Ich wünsche Dir und Deinen Söhnen, dass Gnade Euch umgibt, wie eine Wolke, dass tiefer, übernatürlicher Friede Eure Herzen erfüllt und Gottes ewige Arme Euch weiter so halten, wie in den letzten Jahren Eures gemeinsamen Lebens!

Herzliche Segensgrüße"

Vom Sterbebett zum Film???

Am Mittwoch, dem Tag nach Toms Tod, war unser Haus voller Trubel. So viele Menschen waren gekommen, um von ihm Abschied zu nehmen und seinen Sarg mit netten Worten und Zeichen ihrer Verbundenheit zu verzieren. Da klingelte das Telefon und am anderen Ende war – die Frau vom Film.

Ach du Schreck, der Film! Vier Wochen zuvor hatte ich eine Ausschreibung des Bayerischen Blinden- und Sehbehindertenbundes gelesen: „In einem Kinofilm, der nächstes Jahr im Herbst/ Winter laufen soll, ist noch eine Hauptrolle zu besetzen. Voraussetzung: weiblich, deutsche Muttersprache, 40–60 Jahre alt, korpulent, schlagfertig-witziges Wesen und blind. Nicht von Geburt an blind, damit man noch weiß, wie was wo ausschaut. Bewerbung mit einem Kurzvideo da und da hin." Als ich Freunden davon erzählte, waren die gleich Feuer und Flamme und sie drehten mit mir einen kleinen Bewerbungsfilm. Diesen schickten wir an die angegebene Adresse, was ich aber in unserem üblichen Alltagsstress schnell wieder vergaß.

Genauso, wie die Nachricht, die die Produzentin vor ein paar Tagen auf unseren AB gesprochen hatte: Sie bedankten sich für meine Bewerbung, ich sei in die engere Wahl gekommen und man würde gerne einen Termin für ein Casting vereinbaren. Tom war es, der die Nachricht abhörte, von meiner Bewerbung hatte ich ihm aber gar nichts erzählt. „Hä, was ist denn das?" Ich brauchte auch einen Moment, bis ich mich erinnerte und ihm alles erzählte. Er hielt das für eine verrückte Idee, aber warum nicht?

Am nächsten Tag rief ich zurück und erfuhr, dass ich am Freitag, dem 1. Dezember in München sein sollte. Spontan sagte ich zu und überlegte mir dann erst, ob ich das überhaupt organisieren könnte. Wer würde in der Zeit für Tom da sein? Nach einer Weile war ich tief enttäuscht, dass ich niemanden mit pflegerischer Erfahrung finden konnte, der an diesem Tag Zeit hatte.

Und nun in dem ganzen Trubel mit den vielen Leuten rund um Toms Sarg also wieder ein Anruf. Ich suchte mir erstmal ein ruhiges Plätzchen zum Telefonieren.

Die Produzentin erklärte mir, dass es sich um die Rolle einer Frau handelt, die vor 15 Jahren erblindet ist und ihr Schicksal überhaupt nicht annehmen kann. Stets trägt sie eine dunkle Sonnenbrille und tut so, als ob sie alles sehen würde. Sie wird – wie ich zwei Jahre zuvor - zu einer Reha verdonnert, wo sie einen 25 Jahre jüngeren Mann kennenlernt, der durch einen Autounfall querschnittgelähmt ist und Geld schmuggeln will. Die Produzentin sagte noch, ich solle um 12 Uhr da und da sein und sie würde mir die Szenen fürs Casting zuschicken.

Da kam ich mir vor wie in einem schlechten Film: Mein toter Mann, der Sarg, und dann so ein Telefonat! Das gibt's doch nicht! Was sage ich der jetzt? Sage ich alles ab? „Wissen Sie, mein Mann ist gerade verstorben, der liegt gerade hier oben." – Geht nicht! Oder ergreife ich jetzt diese Chance für mich, absagen kann ich immer noch?

Genau so machte ich es dann: Ich hörte mir alles an, sprach ganz sachlich mit der Frau und machte mir Notizen. Drei Frauen waren in der engeren Wahl, ich sollte die Szenen bis zum Casting am 1. Dezember auswendig lernen. „Okay, alles klar, auf Wiedersehen", sagte ich und schon war ich wieder voll und ganz im Geschehen um mich herum. Es war noch so viel zu erledigen für den endgültigen Abschied von Tom.

Achterbahn der Gefühle

In diesen Tagen gab es viel emotionales Auf und Ab. Es hatte Tränen der Freude gegeben, als Philipp am Donnerstag den Mietvertrag für die neue Wohnung bekam, von der ich noch mit Tom gemeinsam Fotos betrachtet hatte. Als ich mit Philipp Details zur Wohnungseinrichtung besprach, wollte ich gerade, wie so oft, sagen: „Frag den Papa! Der kennt sich damit aus." Als ich stattdessen weinen musste, war das fast ein schöner Schmerz.

Dagegen tat es mir wirklich weh, als jemand einen banalen Scherz über die Liedblätter machte, die wir mit ein paar Helfern für den Abschiedsgottesdienst vorbereiteten und auf denen vorne ein wunderschönes Foto von Tom abgebildet war. Das verletzte mich zutiefst und ich wollte nur noch allein sein.

Eine weitere schwere Erfahrung war für mich, dass ich eine Geburtstagskarte für eine Freundin ganz automatisch wie immer mit „Heike und Tom" unterschrieb. Natürlich hätte Tom mit unterschrieben, aber in Zukunft würde es das nicht mehr geben: „... und Tom."

Ich bin ja schon immer ein Mensch gewesen, der unheimlich gerne alles ganz schnell wegschmeißt und entsorgt, was nicht mehr gebraucht wird. Als ich in der Aufregung um den Abschied von Tom nachts nicht schlafen konnte und schnell noch Philipps Wäsche waschen wollte, begann ich im Keller aufzuräumen. Da standen drei Paar wirklich durchgetretene, abgelatschte Badeschuhe und die Baustellenschuhe von Tom. Sofort kamen sie in den Mülleimer zu der Zahnbürste, die ich schon gleich am nächsten Morgen weggeworfen hatte, weil ich schon zu Toms Lebzeiten eine neue kaufen wollte. Einerseits erschreckte es mich, dass ich nach so kurzer Zeit schon Sachen von Tom wegwerfen konnte. Vielleicht würde man das ein oder andere ja doch nochmal brauchen?

Doch nun war da diese Sicherheit und ein inneres Einverstandensein: „Das wird gewiss nicht mehr gebraucht und ich will auch nicht, dass es jemand anderes braucht."
Dinge, die Tom immer ganz nah am Körper trug, wie seine Armbanduhr oder seinen Geldbeutel, und andere Schätze, die mich an ihn erinnerten, wollte ich in einer Kiste sammeln und andere Sachen an Freunde verschenken oder auf einem Flohmarkt verkaufen.

Die Jacke, die er so liebte und in der er auch gestorben war, würde ich mit Sicherheit nie, niemals weggeben. Die wollte ich behalten, um mich in sie hineinzukuscheln, wenn ich sehr traurig wäre oder mich sehr freuen würde.

Fast ein schlechtes Gewissen hatte ich, dass ich das Kreuz, das die nette Palliativärztin dem toten Tom beim Abschied in die Hände gelegt hatte, für mich behielt, als der Bestatter den Sarg abholte. Ich hatte es selbst in den Händen gehalten und so angenehm und tröstlich empfunden, dass ich es lieber in der Hosentasche tragen wollte als es mit verbrennen zu lassen. Es ist für mich ein Symbol für den Weg, den wir drei – Tom, Jesus und ich - gemeinsam gegangen sind und gibt mir Halt und Kraft.

Aber die größte Belastung für mich war die schwierige Entscheidung, wie Tom bestattet werden sollte. Doch das ist eine längere Geschichte.

Wie aus einer Trauerfeier ein Krönungsfest wurde

Am Morgen der Trauerfeier fühlte ich mich, wie am Morgen unserer kirchlichen Trauung. Hatte ich alles erledigt? Wer würde alles kommen? Hoffentlich hört der Regen auf und die Gäste kommen trocken in die Kirche.

Wie ich es mir gewünscht und mit Tom besprochen hatte, würden unser früherer Pfarrer Stephan Ranke und seine Frau Haike den Gottesdienst leiten. Die Predigt würde Andreas Güntzel halten, unser guter Freund, den ich als Leiter der Jump City Freizeiten kennengelernt hatte. Seit seiner Bekehrung hatte auch Tom sich mit Andreas und seiner Frau Susi angefreundet, und wir verbrachten manche Wohnmobilausflüge zusammen. An meinem 50. Geburtstag hatte ich Andreas schon darauf angesprochen, ob er sich vorstellen könne, bei Toms Trauerfeier zu predigen, wenn es dann soweit wäre. Er hatte gerne zugesagt.

Bei Gottesdiensten wird das Fotografieren oder Filmen nicht gerne gesehen. Dennoch überlegte ich, jemand aus dem Hauskreis zu fragen, ob er unauffällig Fotos machen könnte. Wäre es nicht toll, wenn die ganze Feier sogar gefilmt würde?

Da fiel mir unser derzeitiger Pfarrer ein, der ein leidenschaftlicher Hobbyfilmer war. Ich schickte ihm eine Nachricht, ob es in Ordnung wäre, wegen meiner schlechten Sehkraft für mich alle Regeln zu brechen. Er war sofort damit einverstanden.

Gleich zu Beginn bat Haike die große Trauergemeinde darum, keinen Anstoß daran zu nehmen, dass ausnahmsweise gefilmt würde. Da ich nicht wie alle anderen sehen könnte, würde ich mir die Trauerfeier für meinen Mann gerne zu Hause noch einmal auf einer Leinwand anschauen.

Ich war ganz überrascht, dass so viele Menschen gekommen waren, um sich von Tom zu verabschieden. 350 Liedblätter hatten wir vorbereitet und die reichten bei Weitem nicht aus.

Eine schöne musikalische Einstimmung zur Feier war „Amazing Grace" auf dem Saxophon. Anschließend hielt Andreas die Ansprache, in der er auch einige ganz persönliche Erlebnisse mit Tom schilderte.

Während er sprach, hielt er eine kleine Krone in den Händen, die er zum Schluss mit den Worten „Tom du bekommst jetzt die Krone des Lebens. Sie gehört jetzt dir!", auf den Sarg legte. So wurde aus einer Abschieds- und Trauerfeier ein Krönungsfest.

Haike und Stephan, die auf meinen Wunsch hin als Symbol der Hoffnung ihre weißen Talare trugen, anstatt der üblichen schwarzen, erzählten abwechselnd von ihren Erfahrungen mit Tom, wie sie ihn erlebt und schätzen gelernt hatten.

Sie gliederten ihre Ansprache in drei Schritte und sprachen von Tom als mächtigem Schatten im Hintergrund, während ich meinen Weg im Glauben allein gehen und später sogar aus der Kirche austreten musste. Sie erinnerten an den Tom, der ähnlich wie Saulus zu Paulus geworden war, der dann acht Jahre in der Gemeinde wirkte und für viele Menschen ein lebendiges Zeugnis war. Und dann schilderte Stephan, wie er den toten Tom gesehen hatte. Dieser unglaubliche Friede und diese Lebendigkeit, die in ihm waren. Es war ihm so vorgekommen, als würde Tom sagen: „Halte mich nicht auf, ich habe hier etwas zu tun für Gottes Reich."

Dazwischen spielte die Lobpreisband, die Philipp organisiert hatte. Deren Sängerin war auch früh Witwe geworden, mittlerweile aber wieder glücklich verheiratet. Ich hatte mir schon im Vorfeld gewünscht, dass auch Nelly mit ihrer Familie ein Solostück singt.

„Wenn du mich sähest, weintest du um dich und nicht um mich" – Es war ein wunderschöner Gottesdienst, ein wahres Krönungsfest.

Zum Schluss standen auf dem so schön bemalten Sarg nicht nur unsere Hochzeitskerze und zwei Eichhörnchen aus Holz, die für uns eine besondere Bedeutung hatten, sondern auch die Krone. Viele Menschen gingen noch einmal zum Sarg, um innezuhalten und sich zu verabschieden.

Auch das Kaffeetrinken im Anschluss mit vielen lieben Menschen war mehr ein Fest als eine Trauerfeier. Ganz viele Leute griffen zum Mikrofon und erzählten, was sie mit Tom erlebt und verbunden hatte. Ein kleiner Chor aus unserer Gemeinde sang ein Lied, das mir schon seit Jahren immer wieder so viel Trost gab: „Ich bin bei dir – wenn die Sorge dich niederdrückt, wenn du nachts nicht mehr schlafen kannst, dann bin ich bei dir!"

So wurde es wirklich ein rundum wunderschöner Tag. Wie bei unserer Hochzeit war ich hinterher ganz schön erschöpft und konnte in der Nacht kaum schlafen. Nicht wegen der Trauer, sondern weil alles ein bisschen viel und doch so schön war.

Immer wieder Eichhörnchen

Als Tom 2008 krank wurde und es ihm das erste Mal so ganz, ganz schlecht ging, dass wir nicht wussten, ob er es schaffen würde oder nicht, begegneten mir auf wundersame Weise immer wieder Eichhörnchen. Und das ging die ganzen zehn Jahre seiner Krankheit so weiter.

Einmal hatte es draußen minus 20 Grad, da halten Eichhörnchen eigentlich Winterruhe. Mit meiner Cousine Sabine ging ich im verschneiten Wald spazieren, als mir auf einmal ein Eichhörnchen über den Weg huschte.

Als Tom im Januar 2015 zum ersten Mal auf der Palliativstation war, und wir nicht wussten, ob er noch einmal heimkommen würde, bekam ich von einer Bekannten einen Tier-Kalender geschenkt. Beim Durchblättern entdeckte ich das Blatt für Dezember 2015. Darauf war ein Bild von einem Eichhörnchen mit einer Nuss in der Hand, daneben stand der Spruch: „Wer nicht an Wunder glaubt, hat noch keine erlebt!" Das war für mich eine ganz klare Zusage: Tom wird jetzt nicht sterben! Er wird im Dezember 2015 noch leben.

Solche Geschichten gab es viele. Die Eichhörnchen erinnerten mich daran: Bis dass der Tod euch scheidet. Sie begegneten mir oft ein, zwei Tage bevor es Tom besonders schlecht ging. In diesen Momenten spürte ich die beruhigende Zusage: „Er wird jetzt nicht sterben!"

Die letzte Begegnung mit Eichhörnchen hatte ich, als Tom im Haus gestürzt war. Ein, zwei Tage nach der OP am gebrochenen Fuß, als man noch nicht recht wusste, ob das wegen der zufällig entdeckten Lungenentzündung verabreichte Antibiotikum greifen würde, saß ich daheim und sagte zu meinem Sohn: „Weißt du was? Ich brauche jetzt etwas, das mich ein bisschen ablenkt. Schalte mal den Fernseher ein." Er schaltete den Fernseher ein, ich schaute gar nicht richtig hin, weil ich das Fernsehbild sowieso nicht sehen konnte, und hörte nur die Moderation zu einer Natursendung über Tiere. „Das nächste, das sie sehen werden, ist eine ganz besondere Art von Eichhörnchen." Sofort klebte ich dicht vor dem Fernseher und wusste „Das ist die Zusage, dass er es auch diesmal schaffen wird! Danke Gott!"

Erst im Rückblick wird mir bewusst, dass ich, als es Tom dann im November immer schlechter ging, tatsächlich keine Eichhörnchen mehr sah.

Wegen der besonderen Rolle, die sie für mich spielten, gab es bei uns zu Hause im Laufe der Jahre Eichhörnchen in allen möglichen Formen, in Kalendern, auf Postkarten oder als Plüschtiere. Einmal schenkte Tom mir zu Weihnachten eine Eichhörnchen-Skulptur für den Garten. Von vielen dieser Erinnerungen habe ich mich mittlerweile getrennt. Doch zwei Eichhörnchen werde ich ganz bestimmt behalten: Die zwei aus Holz geschnitzten und mit einem Herz verbundenen Eichhörnchen, die auf Toms Sarg standen. Sie haben nun einen festen Platz auf meiner Fensterbank.

Soll ich oder soll ich nicht? – Mein Casting bei Ali

Am Tag nach der wunderschönen Krönungsfeier dachte ich auch mal wieder an den Film und ich las endlich die zugeschickten Szenen für das Casting durch. Als ich an die Stelle kam, in der Magda, die Rolle, die ich zu spielen hätte, sagt: „Jetzt mach doch hier mal nicht so einen Zirkus! Ist hier jemand gestorben?", brach ich weinend zusammen. „Das kann ich nicht spielen! Das geht einfach nicht! Ich muss alles absagen."

Zwei Nächte grübelte ich hin und her: „Was soll ich machen? Fahre ich hin und spiele die Szene bis zu dieser Stelle, um dann zu gestehen: ‚Ja, verdammt, es ist hier jemand gestorben! Die Trauerfeier war erst am Samstag! Mein Mann ist noch nicht mal unter der Erde!' Oder fahre ich hin und erzähle ihnen von Anfang an, dass ich die Rolle nicht gelernt habe? Oder schmeiße ich alles hin und sage ab?" All das drehte sich in meinem Kopf, dazu kam noch ein Traum, in dem ich die Rolle bekam, aber absagte, weil ich mit dem männlichen Schauspieler im Bett rumknutschen musste.

Ich wollte die ganze Geschichte nicht an die große Glocke hängen, nur meinen Kindern und meinem Bruder Armin erzählte ich davon, und dass ich nicht weiß, was ich tun soll. „Mama, das machst du!", sagten sie ganz cool. Auch mit den zwei Freunden, die das Bewerbungsvideo gedreht hatten und mit meiner Traumatherapeutin sprach ich darüber. Alle sagten: „Mach das! Dein Leben beginnt heute neu!"

Wie sehr fehlte mir Tom in diesem Moment! Ich vermisste ihn und vor allem seine Augen, auf die ich so sehr angewiesen gewesen war. So fragte ich schließlich noch Klaus-Dieter um Rat, meinen blinden hilfreichen Freund aus der Reha in Masserberg. „Mach das! Was kannst du verlieren? Du kannst doch nur gewinnen!", ermutigte er mich, zumal ich mittlerweile jemanden gefunden hatte, der mich nach München fahren und in dem ganzen Trubel an meiner Seite sein könnte.

Sollte das also tatsächlich wahr werden? Ich im Kino, in ganz Deutschland! Natürlich wäre schon das Casting erst mal ein großes Abenteuer. Ich fühlte mich, als dürfte ich an einer Olympiade teilnehmen: Auch wenn ich die letzte würde, ich hätte teilgenommen. Und das alleine zählte!

„Ich mache das!", sagte ich mir, „Und was daraus wird, gebe ich in Gottes Hände!" Mit dem Segen von Heinz Becker, mit dem ich ein Gespräch wegen der Urnenbeisetzung führte, und chauffiert von dem Bekannten, der den Bewerbungsfilm mit mir gedreht hatte, ging es also zum Casting nach München.

Einen Plan wie ich mich verhalten würde, hatte ich nicht, doch schon bei der ersten Begegnung mit dem sympathischen Regisseur löste sich meine Anspannung. Ali ist ein deutschsprachiger Autor und Regisseur mit iranischen Wurzeln. Er erzählte mir von seinem ersten großen Projekt, einer Komödie, die in einem Behindertenwohnheim spielen sollte. Dort wohnen die blinde Magda, der im Rollstuhl sitzende Banker Oliver und ein Mädchen mit Down-Syndrom. Diese Rollen sollten mit Laienschauspielern mit echtem Handicap dargestellt werden.

Ich bekam Gänsehaut, als mir die Parallelen zu meinem eigenen Leben bewusst wurden: Die Tochter meiner Cousine hat das Down-Syndrom, mein Tom, auch ein Banker, war durch seine Krebserkrankung schließlich im Rollstuhl gelandet. Und auch ich wollte meine Sehbehinderung jahrelang nicht wahrhaben, bis ich durch Klaus-Dieter in der Reha lernte, als fast Blinde mit Selbstbewusstsein und Vertrauen durchs Leben zu gehen. Ich würde mich also gut mit dem Inhalt des Filmes identifizieren können. Doch erst einmal lag es ja am Autor und Regisseur, und an den Sponsoren des Films, ob ich überhaupt eine Chance haben würde.

Nach der sehr herzlichen Begrüßung durch Ali war für mich sonnenklar, was ich tun würde. So sagte ich ihm gleich ganz ehrlich, dass der Termin dieses Castings für mich der völlig falsche Zeitpunkt sei. „Warum?", fragte er. „Weil ich die Rolle nicht gelernt habe", antwortete ich. „Ich kann die ersten zwei Sätze, sonst nichts. Jetzt können Sie mich wieder nach Hause schicken. Oder ich kann erklären, warum ich die Rolle nicht gelernt habe."

„Dann schieß mal los!", ermutigte er mich. „Ich habe die Szene gelernt bis zu der Frage, ob jemand gestorben sei. Und ja, verdammt, mein Mann ist gestorben und er ist noch nicht mal unter der Erde." Im ersten Moment war Ali sichtlich bestürzt und sagte dann: „Hut ab, dass du trotzdem da bist." Dann erzählte ich ihm, wie sehr Tom sich mit mir über dieses Angebot gefreut hatte. „Und darum bin ich jetzt hier, aber spielen kann ich nichts."

Doch Ali hatte eine Idee: Er würde mir die Szene beschreiben, um die es gehe und dann würden die anderen Beteiligten mit mir improvisieren. Das konnte ich mir vorstellen und schon ging es los. In der Szene sitzen Oliver, Magda und das Mädel mit Down-Syndrom mit anderen Behinderten in einem Bus. Sie versuchen Schwarzgeld von Deutschland in die Schweiz zu schmuggeln. Aus irgendeinem Grund fällt Laura, die den Bus sonst fährt, aus. Oliver will unbedingt das Geld retten, aber mit seinen behinderten Beinen kann er den Bus nicht fahren. Das Mädchen mit Down-Syndrom kommt auch nicht in Frage. Also versucht er die blinde Magda zu überreden den Bus zu steuern, wenn er für sie sieht und alles andere macht.

Diese Szene haben wir dann einfach improvisiert. Das war gar nicht schlecht und hat mir richtig Spaß gemacht! Zwischendurch sagte ich auch mal etwas aus meiner persönlichen Geschichte, das war ganz stimmig. Die anderen Mitwirkenden bedankten sich sogar bei mir, dass ich gekommen war. Sie empfanden es als eine Bereicherung, für mich und mit mir improvisieren zu können, anstatt eine auswendig gelernte Szene zu spielen.

Das war ein richtig schöner Tag. Auf der Heimfahrt fuhren wir noch an unserer früheren Wohnung in der Blumenau vorbei. Ich konnte das Haus noch einmal fotografieren, in dem mittlerweile lauter neue Leute wohnten und ich zeigte meinem Begleiter die Baumschule, in der Tom und ich immer spazieren gegangen waren. Das fühlte sich für mich nun abgeschlossen und gut an. Es war eine

Zeit, die zu meinem Leben gehörte, und es war eine gute Zeit! So wie auch mein Ausflug zum Casting-Abenteuer in München eine gute Sache war.

Die Rolle bekam ich übrigens nicht. Erst im Jahr 2019 kam der Film unter dem Titel „Goldfische" ins Kino.

Gedanken zur Bestattung

Nach der ganzen Aufregung wegen des Castings konnte ich mich nun wieder der schwierigen Entscheidung widmen, wie Tom bestattet werden sollte. Philipp und ich waren ja noch zu Toms Lebzeiten zur Beratung beim Bestatter gewesen und hatten dann Tom und Michi erzählt, welche Möglichkeiten es gäbe. Eine normale Erdbestattung lehnte Tom ab, weil er mir die Grabpflege ersparen wollte. Eigentlich war von Anfang an für uns alle klar, dass Toms Leichnam eingeäschert werden sollte. Etwas anderes kam für Tom gar nicht in Frage.

Der Kommentar einer Person beim Abschied an seinem Sarg hat mich dann erstmal komplett aus der Bahn geworfen: „Heike, das kannst du nicht machen, du musst dich seinem Willen widersetzen! Eine Urnenbestattung – das geht nicht – dann kommt er in die Hölle!" Gott sei Dank war in dem Moment auch Stephan Ranke anwesend, der mich erstmal beruhigte und dann zu Hause mit seiner Frau Haike für mich zu diesem Thema recherchierte. Demnach stellt für beide großen Kirchen die Art der Bestattung keine Weichen für Aufnahme oder Ablehnung bei Gott. Gottes Gnade wird durch die Feuerbestattung weder behindert noch gefördert.

Im Internet finden sich für jede Position entsprechende Argumente. Er fand die Bibelstelle, auf die manche Menschen sich beziehen, wenn sie meinen, dass Verbrennung und Auferstehung sich ausschließen. Für mich ist das komplett aus der Luft gegriffen und es tat mir gut, schwarz auf weiß zu lesen, dass es ganz unterschiedliche Ansichten dazu gibt. Von da an hatte ich meinen Frieden mit unserer Entscheidung zur Verbrennung.

Für uns war klar: Auf keinen Fall kommt die Urne in eine Urnenwand! Ein Friedwald hätte Tom gefallen, aber den gibt es in Memmingen nicht. Einen einzelnen Baum hätten wir kaufen können, an dem dürfte aber nur so ein kleines Namensschildchen stehen. 666 Euro kosten diese Bäume, eine negativ besetzte Zahl, weil sie für Christen die Zahl des Teufels ist. Da wären uns 665 oder 667 lieber gewesen. Außerdem gefiel uns allen der Teil des Friedhofes nicht, auf dem diese einzelnen Bäume stehen.

Schließlich entschieden wir uns für einen nicht ganz legalen Weg, um Toms Asche an seinem Lieblingsort, den Westerharter Weihern verstreuen oder seine Urne in unserem wunderschönen Garten vergraben zu können, den wir gemeinsam geplant und angelegt und bis zum Schluss genossen hatten. In einem langen Gespräch mit unserer Traumatherapeutin Frau Dr. Frey wurde mir klar, dass der illegale Weg nicht in Frage kam und ich mir einen geschützten und friedlichen Ort wünschte, an dem ich und andere trauern könnten.

Tom war ja nie geizig gewesen, aber er wollte nicht, dass ich wegen ihm zu viel Geld ausgeben müsste. Doch Frau Dr. Frey hatte wohl recht, als sie sagte: „Es gibt Geld, das muss man ausgeben, um seinen Seelenfrieden zu erhalten."

Sollte es also doch ein Grab geben? Die Grabpflege wäre kein Problem für mich. Ich habe meinen Garten geliebt und ich liebe ihn noch. Auf meiner Reha in Masserberg wurde ich auf einem Friedhof magisch von einem Grab angezogen, das ich gar nicht richtig erkennen konnte. Der Grabstein bestand aus zwei Säulen und einem Kreuz, auf dessen einem Balken stand „getrennt", auf dem anderen „und doch für immer verbunden" – und es war erst ein Name eingraviert.

Eine Stunde lang verbrachte ich weinend an diesem Grab und sah mich dabei schon am Grab meines Mannes sitzen. So stellte ich mir ein Grab für uns beide vor. Aber würde ich selbst später einmal in einem Grab beerdigt werden wollen und meinen Kindern und Enkeln die Grabpflege zumuten?

Schließlich fühlte es sich gut an, Toms Urne in einem kleinen Urnengrab auf dem Memminger Friedhof zu bestatten. Dann könnte ich leicht zu Fuß oder mit dem Bus Toms letzte Ruhestätte besuchen. Um das Geld machte ich mir keine Sorgen mehr.

Toms Urnenbeisetzung

Zweimal hatten wir uns nun schon von Tom verabschiedet: Bei uns zu Hause, als so viele Menschen kamen, um ihn noch einmal zu sehen und seinen Sarg so schön zu gestalten, und dann bei der bewegenden Krönungsfeier in der Kirche. Nach diesem Gottesdienst hatte der Bestatter den Sarg abgeholt und am Montag darauf ins Krematorium gebracht. Dort gibt es zwar ein Abschiedszimmer, wo die Angehörigen ein letztes Mal am Sarg stehen und zusehen können, wie dieser in den Ofen gefahren wird. Wir wollten bei der Einäscherung aber lieber nicht dabei sein.

In der Zwischenzeit bereiteten wir uns auf den Abschied am Grab vor. Nachdem bei der schönen Trauerfeier einige Menschen so herzlich von Tom gesprochen hatten, war ich erst recht froh, dass ich mich gegen einen illegalen Weg der Bestattung entschieden hatte. Das hätte seit Toms Bekehrung überhaupt nicht zu seiner christlichen Einstellung gepasst.

Also suchte ich ein Grab für ihn aus und plante die Beisetzung der Urne für die Tage zwischen Weihnachten und Silvester. Da wäre Philipp sowieso in Memmingen und müsste nicht extra noch einmal aus Dresden anreisen. Schließlich entschied ich mich aber doch für den 22. Dezember, so dass der Abschied von Tom und all die Überlegungen und Erlebnisse drum herum vor Weihnachten abgeschlossen wären. Ich wollte so gerne das Weihnachtsfest und die Geburt Jesu neu erleben. Wir bekamen für die Bestattung an diesem Freitag vor dem Heiligabend noch den letzten Termin um 15.30 Uhr, bis dahin könnte Philipp rechtzeitig aus Dresden kommen.

Mittlerweile waren ein Monat und ein Tag seit Toms Tod vergangen. Die ganze Zeit über war ich sehr angespannt und konnte kaum schlafen, so dass ich schließlich Schlaftabletten verschrieben bekam. Einerseits war ich sehr erleichtert, weil die Abschiedsfeier so schön gewesen war und weil ich mir sicher war, dass es Tom jetzt gut gehe. Andererseits belastete mich die Vorbereitung der Urnenbeisetzung, die nur im engsten Familienkreis stattfinden sollte, mehr als erwartet. Wen möchte ich wirklich dabeihaben? Wer würde sonst noch dabei sein wollen? Mit gemischten Gefühlen ging ich in diesen Tag, an dem es auch noch in Strömen regnete.

Bis zum Schluss war unklar gewesen, wer eigentlich die Urne tragen würde. Ich wollte nicht, dass die Friedhofsmitarbeiter sie auf dem üblichen Wägelchen quer über den Friedhof fahren. Mein

Wunsch war, dass die Urne von irgendjemand persönlich bis ans Grab getragen würde und dabei dachte ich eigentlich an Michi, als ältesten Sohn. Dass ich die Urne nicht tragen könnte, war ja klar, ich bräuchte jemanden, der mich an der Hand nehmen würde, damit ich nicht stolperte.

Als der Bestatter die Urne im Auto zum Friedhof brachte und sie uns übergeben wollte, geschah aber doch ein kleines Unglück: Weil er den Kofferraumdeckel nicht ganz geöffnet hatte, fiel dieser zurück und traf ihn am Kopf. Vor Schreck und Schmerz ließ er die Urne, die er schon in der Hand hielt, auf den Boden fallen, wo sie aufplatzte.

Ich fand das nicht weiter schlimm. Es war ja nur das äußere Gefäß kaputt, die Kapsel mit der Asche aber noch ganz. Also schlug ich vor, nur die Kapsel zu bestatten, „ich sehe es ja eh nicht." Damit war der Bestatter aber nicht einverstanden. „Das ist nicht erlaubt." Es blieb ihm nichts anderes übrig, als zurück zum Bestattungsinstitut zu fahren, dort die gleiche Urne noch einmal zu holen, die Kapsel hineinzutun und die Urne zu verschließen.

Ich nahm die Situation mit Humor und sagte zur Verwandtschaft: „Das Ganze verzögert sich etwas, der Tom ist zerplatzt." Das fanden die anderen aber gar nicht komisch, nur ich musste lachen.

Nach circa einer Viertelstunde kam der Bestatter mit einer Beule am Kopf zurück. „Hoffentlich haben Sie sich keine Gehirnerschütterung geholt!", sagte ich und fand das immer noch lustig.

Dann fragte ich in die Runde, ob sich jemand vorstellen könnte, die Urne ans Grab zu tragen. Spontan sagte Toms Zwillingsbruder: „Ja, das mache ich!" Das war für mich so stimmig: Wie in den neun Monaten im Bauch ihrer Mutter waren sich die beiden ein letztes Mal so nah, wie sonst niemand. Ganz fest drückte Toms Bruder die Urne an sich und trug sie zum Grab.

Es war ja schon früh dunkel an diesem Winternachmittag und Michi und Philipp trugen eine Laterne mit einer Kerze darin, als sie mich zum Grab begleiteten. Ich trug das große Herz aus roten Rosen, das ich für Toms Grab hatte anfertigen lassen. Den geistlichen Teil der Beisetzung gestalteten der katholische Klinikseelsorger Michael Kratschmer und seine evangelische Kollegin. Tom wurde also ökumenisch bestattet.

Die Kurzpredigt beruhte auf Psalm 84: „Wie schön sind doch deine Wohnungen, allmächtiger HERR! Ich sehne mich von ganzem Herzen, ja, ich verzehre mich vor Verlangen nach den Vorhöfen am Heiligtum des HERRN. Mit Leib und Seele juble ich dem lebendigen Gott zu!" (Neue Genfer Übersetzung) Dies war Toms Lieblingspsalm, den er in den Wochen vor seinem Tod oft gelesen hatte und, wie das Einlegebändchen in seiner Bibel zeigte, auch als letztes gelesen hatte, bevor er starb. Zu diesem Psalm passte auch das Lied, das Philipp dann, im strömenden Regen gut beschirmt, zur Gitarre sang.

Das alles war wirklich sehr schön, aber in mir regte sich keinerlei Emotion. Meine Gefühle waren von so vielen Gedanken überlagert, dass ich mich gar nicht wirklich auf das Geschehen einlassen konnte. Unter anderem kreisten meine Gedanken um die Nachricht über die zahlreichen Spenden, die aus Anlass von Toms Tod anstelle von Kranz- und Blumenspenden für den Hospizverein eingegangen waren.

Was für eine unwirkliche Situation: Erst lache ich über die Panne mit der Urne, dann stehe ich am offenen Grab meines Mannes ohne eine Träne zu vergießen, lege mein Röschen hinein, stelle das Herz aus Rosen daneben und denke dabei an alles Mögliche.

Manchmal wünsche ich mir, ich könnte diesen Tag noch einmal durchleben und mir anschauen, wie mein Herz sich wirklich fühlte. Die Audioaufnahme der Urnenbeisetzung ist leider mit meinem alten Handy verloren gegangen und Fotos wurden keine gemacht. Das ist schade, aber vielleicht sollte es so sein. Am 22. Dezember 2017 hatte ich keine Tränen, die Zeit des Trauerns war noch nicht gekommen.

7. Leben in Trauer

Mein erstes Weihnachten ohne Tom

Eigentlich begann Weihnachten gleich nach der Bestattung im Café gegenüber des Waldfriedhofes. Nach dem Kaffeetrinken, bei dem wir alle ziemlich angespannt waren, verteilte ich meine mitgebrachten Weihnachtsgeschenke für Toms Familie. Ich wollte ihnen mit Kalendern, die ich mit Fotos von Toms letztem Jahr gestaltet hatte, eine Freude machen.

An den Samstag, den 23. Dezember, habe ich gar keine Erinnerung und ich weiß auch nicht mehr, ob Michi dabei war, als ich mit Philipp an Heiligabend im Weihnachtsgottesdienst war. Die Kinder unserer Gemeinde führten wie jedes Jahr die Weihnachtsgeschichte als Musical auf. Ich hatte von dem Aufruf gehört, ob jemand weiße Hemden habe, die nicht mehr gebraucht würden, aus denen Gewänder für die Engel genäht werden sollten. Für diesen schönen Anlass hatte ich mich gerne von Toms Business-Hemden getrennt. Als ich nun die Engel in ihren weißen Gewändern singen sah, wurde mir ganz warm und weihnachtlich ums Herz.

Den Abend verbrachten wir dann bei Michi und Lisa in ihrer neuen Wohnung. Lisas Familie war auch dabei. Dieses Weihnachten war komplett anders: Eine andere Wohnung, ein anderer Baum, andere Menschen. Philipp und ich fühlten uns als Gäste, aber es war stimmig so. Natürlich gab es Geschenke, Philipp hatte die Gitarre dabei und wir sangen auch zwei, drei Lieder.

Meine Erinnerung an die Zeit zwischen den Jahren ist fast ausgelöscht. Philipp war noch da und fuhr mich am 30. Dezember zu unseren Freunden in Neuendettelsau. Andreas hatte ja die Trauerfeier gestaltet und mit ihm und seiner Frau Susi feierte ich nun mein erstes Silvester ohne Tom. Unsere Jungs feierten zusammen mit Lisa bei Philipp in Dresden.

Zum Ende diesen Jahres dachte ich noch einmal voller Dankbarkeit an das vergangene Weihnachtsfest. Es fühlte sich so an, als wäre es das schönste Weihnachten überhaupt gewesen! Endlich war dieser Schmerz weg und die wehmütige Frage, ob das vielleicht das letzte gemeinsame Weihnachten für uns wäre.

Nun war klar: Tom ist nicht mehr bei uns, es ist das 1. Weihnachten, das wir zu dritt verbringen. Das hat sich gut angefühlt. Dieses Weihnachten war für uns eine Phase der Erleichterung und der Klarheit.

Was heißt bei Gott eigentlich „alt werden"?

Es ist schon wundersam: In der Nacht vom 22. auf den 23. November 1985 traf mich der Blitz, als ich Tom das erste Mal sah. Am 23. sprach ich in der Bar zum ersten Mal mit ihm und berührte ihn. Und genau 32 Jahre später, am 23. November 2017, sah ich Tom das letzte Mal, als der Bestatter seinen Sarg aus dem Haus trug. Diese 32 Jahre waren die schönsten meines Lebens!

In der Werkstatt für Seelsorge, an der Tom und ich 2014 als Schüler teilnahmen, bekamen wir die Hausaufgabe unsere Biographie zu schreiben. Toms Zeilen las damals nur der Seelsorger, ich wusste also nicht, was er geschrieben hatte. Erst nach seinem Tod hielt ich einmal seinen Seelsorgeordner in den Händen und fühlte, dass ich nun darin lesen darf, es gab keine Geheimnisse mehr zwischen uns. Er schrieb so ungefähr: „Bei Heike war es Liebe auf den ersten Blick. Bei mir war es nach unserem ersten richtigen Date die Liebe auf den zweiten Blick."

Manchmal frage ich mich schon, was bei Gott „alt werden" bedeutet. Unter „alt" würde ich eigentlich so etwas ab 80 Jahren verstehen. Aber ich will mit Gott nicht hadern, wir hatten 32 gemeinsame Jahre!

Und wenn mich jetzt jemand fragt, ob ich alles wieder so machen würde, bin ich mir sicher: Wenn ich Tom noch einmal kennenlernen würde und ich wüsste, wie unsere Geschichte ausgeht, nämlich, dass ich mit 51 Witwe werde und wie heftig unsere letzten zehn Jahre oft waren, es wäre nicht geschwindelt: Ich würde mich wieder in Tom verlieben und ihn heiraten!

Mein Leben geht weiter und ich bin mir ganz sicher, dass es gut weitergehen wird! Dass nochmal etwas kommt, auch wenn ich nicht weiß, was. Ob das jetzt ein neuer Mann ist, mit dem ich nochmal 32 Jahre verbringen kann, was theoretisch ja möglich wäre, oder ob es eine Aufgabe wird, die ich finde, keine Ahnung! Doch ich bin mir ganz sicher: Irgendwas kommt noch. Das auszuhalten und abzuwarten, fällt mir nicht leicht – ich wäre gerne schon ein paar Jahre weiter!

Gott spricht zu mir durch einen Löschzwerg

Im Januar 2018 war ich sehr leicht aus dem Gleichgewicht zu bringen, wenn etwas nicht so lief, wie ich es mir gewünscht oder vorgestellt hatte. Ich konnte sehr schlecht einschlafen und eines Morgens stellte ich mir das erste Mal die Warum-Frage. Ich spürte eine solche Wut auf Tom, warum er mich mit 51 allein im Leben gelassen hatte! Ich konnte mich in der Zeit so schlecht wahrnehmen und nicht spüren, was stimmig für mich war. Ich wusste nur, dass ich mich einsam fühlte, und ich begann, mich nach einem neuen Partner zu sehnen.

Ja, und dann hörte ich die Nachricht von einer Freundin auf dem Anrufbeantworter. Die ganz einfach fragte, wie es mir gehe, und berichtete, dass es am kommenden Sonntag einen Gottesdienst mit dem Thema „Löschriese" gäbe. Der Titel war eine Anspielung auf eine regionale Biermarke, den Löschzwerg. Das Thema basierte auf der Jahreslosung: „Ich will dem Durstigen geben von der Quelle des lebendigen Wassers umsonst." (Offenbarung 21, Vers 6). Dieser Gottesdienst tat mir so gut und munterte mich ein bisschen auf. Mir wurde klar, wenn überhaupt, dann kann nur Jesus meinen Durst, meine Sehnsucht stillen. Gedanken an eine Zukunft mit einem anderen Mann würden nichts bringen, vor allem, wenn dieser Jesus nicht kennt. Gestärkt durch diese Erkenntnis machte ich kurz darauf einen wunderschönen Spaziergang auf dem Waldfriedhof. Was für schöne Orte es dort gibt, was für schöne Grabstellen!

Als ich dann eines Nachmittages mit der Unterstützung meiner Schwester im Garten das Wasser im Whirlpool ausließ, fanden wir im Gebüsch eine leere Bierflasche. Ich nahm sie in die Hand und erkannte: Es war ein Löschzwerg! Was für ein Zeichen! Gott und Tom wollten mir damit bestimmt etwas sagen: „Schau her, die Jahreslosung, nimm sie dir! Schnapp sie dir! Ich werde deinen Durst – und deine Einsamkeit und deine Trauer stillen!" Das war echt der Hammer! Spontan betete ich aus vollem Herzen: „Jesus, ich will dir heute mein Leben neu anvertrauen. Dass du meinen Durst stillst. Dass du all meinen Mangel ausfüllst. Dass du mir von deinem lebendigen Wasser gibst, jeden Tag neu. Danke! Und Danke Tom! Ich liebe dich!"

An Toms Grab

Im Februar 2018 stand ich eines Tages frierend an Toms Grab. Ich war froh, jetzt nicht auf eine Urnenwand zu blicken oder in einem Wald stehend zu überlegen, ob da noch Reste der verstreuten Asche zu finden wären. Es war gut, diesen Ort zu haben, an dem ein schlichtes Holzkreuz steht, das ein uns bekannter Schreiner angefertigt hatte. Dennoch fühlte ich mich an diesem Tag ganz kleinmütig. „Tom Kahnert 1966 – 2017" las ich und fragte mich: „Wo mag er jetzt sein, wie mag es ihm gehen?" Ich zweifelte gerade an allem.

„Reden wir uns das nicht nur schön mit Ostern und der Auferstehung? Stimmt es wirklich, dass es, weil wir an die Auferstehung Jesu glauben, auch für uns ein ewiges Leben gibt? Oder wollen wir das nur gerne glauben?"

Ganz erschüttert von meinen Zweifeln machte ich einen Handel mit Gott: „Wenn Ostern real ist und es wirklich wahr ist, dass Jesus auferstanden ist, dass er lebt und dass auch Tom auferstanden ist, dann brauche ich einen Beweis dafür, einen handfesten Beweis." Mir fielen die Tulpenzwiebeln ein, die ich kürzlich im Keller gefunden hatte. In den nächsten Tagen erkundigte ich mich bei verschiedenen Experten, unter anderem bei einem befreundeten Landschaftsgärtner: „Wann werden die Tulpen blühen, wenn ich jetzt, Ende Februar, die Tulpenzwiebeln stecke?" Die einhellige Meinung war, dass sie dieses Jahr nicht mehr blühen würden. Die Zwiebeln hätten im Herbst gesetzt werden müssen, jetzt wäre es viel zu spät. Trotzdem nahm ich den Pack Tulpenzwiebeln mit zum Friedhof, buddelte zehn kleine Löcher und sagte zu Gott: „Wenn es dich wirklich gibt und wenn Auferstehung real ist, dann möchte ich, dass an Ostern diese Tulpen blühen!"

Die Osterfeiertage waren nicht leicht für mich. Mein Geburtstag fiel ausgerechnet auf Karfreitag. In die Frauenkirche, mit der ich so viele schöne Erinnerungen an Osterfeste mit Tom verband, wollte ich nicht gehen, also besuchte ich an Karfreitag und zur Osternacht Gottesdienste in Nachbargemeinden, die mir ganz guttaten.

Die richtige Osterfreude kam dann mit einer Woche Verspätung. Das Unwahrscheinliche war eingetreten, aus den Tulpenzwiebeln hatten sich acht prächtige rote Tulpen entwickelt. Da war er, der handfeste Beweis, den ich mir so gewünscht hatte! Von diesem Wunder überwältigt, spürte ich tiefe Dankbarkeit und neuen inneren Frieden. Und das Pflänzchen meines Glaubens bekam neue Triebe.

Einige Zeit danach rief meine Schwägerin an und fragte, wann es endlich einen Grabstein gäbe. Im Normalfall steht ja zum ersten Todestag ein Grabstein auf dem Grab und ich dachte mir, ich sollte mich damit vielleicht doch noch einmal beschäftigen. Also vereinbarte ich einen Termin beim Steinmetz und suchte mit Michi und Philipp einen Grabstein für Tom aus. Weil ich so schlecht sehe, berührte ich verschiedene Steine mit meinen Händen und setzte mich sogar darauf, um sie besser wahrnehmen zu können und um zu spüren, was stimmig wäre. Einer fühlte sich passend an, also gaben wir ihn in Auftrag. Die Inschrift sollte so ähnlich sein, wie auf dem Grabstein, den ich damals in Masserberg gesehen hatte.

Doch in der folgenden Nacht träumte ich, dass Tom mich in den Arm nimmt und sagt: „Heike, du weißt doch, dass ich nie Geld für ein Grab ausgeben wollte. Jetzt gibt es ein Grab, das ist okay, aber bitte keine 8.000 Euro für einen Grabstein. Nimm das Geld und fahre mit den Jungs in Urlaub!"

Was war das? Ich war total verwirrt. War das wirklich Tom? Woher wusste er im Traum, was der Grabstein kosten würde?

Am nächsten Tag fragte ich Philipp, was er davon halte. Er sagte: „Mama, ich bin dir zuliebe mit zu dem Steinmetz gegangen, ich brauche keinen Grabstein. Ich finde das verrückt, so viel Geld dafür auszugeben! Und Stein passt eh nicht zu Papa! Papa war ein Waldmensch, er liebte Holz. Schau doch mal unseren Garten an, darin ist alles aus verwittertem Holz!" Auch Michi sagte, es sei ihm egal, er wäre nur mir zuliebe mitgegangen. So rief ich schließlich den Steinmetz an, bedankte mich für die Beratung und bestellte den Grabstein wieder ab.

Als ich drei Wochen später auf einer Freizeit war, wurde mir klar, dass Toms Idee in meinem Traum, mit den Jungs gemeinsam eine Urlaubsreise zu machen, nicht funktionieren würde. Wir sind so unterschiedlich, haben verschiedene Vorstellungen von einem Urlaub, außerdem wären die Bauferien von Michi zu einem anderen Zeitpunkt als Philipps Semesterferien. Also überraschte ich Philipp, indem ich ihn für eine Reise nach Chile anmeldete, die von der Jugendgruppe organisiert wurde, und Michi gab ich das Geld für einen geplanten Bali-Urlaub mit seiner Freundin Lisa.

Toms Schwester hätte es gerne gesehen, wenn ein schöner Stein auf seinem Grab gestanden hätte, denn sie fand das Holzkreuz arg verwittert. Ich erzählte ihr von Toms Traum und sagte: „Schau doch mal das Holz in unserem Garten an. Genauso würde es Tom gefallen! Und ich finde es richtig schön, dieses schlichte Kreuz."

Wie trauert man um seine Augen?

In den ganzen Jahren von Toms Krankheit war nie Raum und Platz gewesen, mich mit dem Verlust meiner Sehkraft zu beschäftigen. Wenn Tom gesundheitlich einigermaßen stabil war und nicht im

Krankenhaus liegen musste, waren seine Augen eine wichtige Hilfe für mich. Dann las er mir meine Post vor, oder aus der Bibel und anderen Büchern, und wir gingen gemeinsam in den Supermarkt. Ich war extrem auf ihn angewiesen.

Seit ich 2011 das Bildschirmlesegerät bekommen hatte, dann die erste Lupenbrille, und schließlich 2016 in München einen hervorragenden Optiker fand, wurde ich zwar nach und nach selbstständiger und war immer seltener auf die Augen anderer Menschen angewiesen. Dennoch war es schwer, nach seinem Tod plötzlich so vieles allein hinbekommen zu müssen. So ist es zum Beispiel ganz schön nervig und braucht viel Zeit, ohne Begleitung einkaufen zu gehen, wenn wieder mal alles umgeräumt worden ist und ich nicht sehe, wo die Dinge ihren neuen Platz haben.

Gleich nach Toms Tod sagte ein Arzt zu mir: „Jetzt sind Sie endlich mal dran! Am liebsten würde ich Sie auf eine psychosomatische Reha schicken." Das war für mich aber gar nicht stimmig. Ich fühlte mich ja nicht depressiv, sondern eher durch diese lange Zeit der Krankheit und der Pflege körperlich erschöpft. Außerdem hatte ich noch zu deutlich in Erinnerung, wie in meiner früheren Reha sowohl Männer als auch Frauen die Gelegenheit nutzten, heftig zu flirten und sich einen Kurschatten zu suchen. Durch eine Freundin erfuhr ich von einer Kurklinik in Wertach, die nur für Frauen ist. Das fühlte sich absolut passend an. Bei der Caritas wurde mir sehr freundlich bei der Antragsstellung geholfen, ich brauchte nur noch ein Attest vom Arzt und zwei Wochen später war die Genehmigung da. Der Schwerpunkt der Klinik in Wertach liegt eigentlich bei Erholungskuren für Mütter. Ich hatte wohl sehr viel Glück schon kurz darauf im ehemaligen Mütter-Genesungshaus einen Platz zum Thema „Frauen in Trauer" zu bekommen.

Im April 2018 begann ich die dreiwöchige Kur zusammen mit anderen Frauen, die alle einen geliebten Menschen verloren hatten. Die meisten trauerten um ihren Partner, einige hatten ein Kind, andere ihre Eltern verloren, die sie gepflegt hatten, eine Frau trauerte um ihre allerbeste Freundin.

Ich war die jüngste Witwe und seit Toms Tod waren nicht mal fünf Monate vergangen, bei den anderen war das schon viel länger her. Und trotzdem kam ich mir ein bisschen fehl am Platz vor: Ich hatte nicht diese Schwermut, unter der die anderen litten, ich traute mich kaum, am Tisch mal zu lachen oder einen Witz zu machen.

Im Eingangsgespräch mit der Psychologin war bereits das Thema mit meinen Augen aufgekommen. Als wir dann im Gruppengespräch ein Arbeitsblatt bekamen, auf dem wir ein Labyrinth nachfahren und spüren sollten, wie es sich anfühlt, in die Mitte zu kommen und wieder weiter wegzugehen, konnte ich das nicht sehen und nicht mitmachen. Da kam eine noch unbekannte Trauer in mir hoch, ich begann zu weinen, aber nicht wie die anderen, die sich alle mit dem Tod eines geliebten Menschen beschäftigten. Für mich stand auf einmal der Verlust meiner Sehkraft im Mittelpunkt und die Wut auf mein Handicap. Mein Anliegen für diese Reha war nun die Trauer um meine Augen.

Auch im psychologischen Gespräch stand nun nicht Toms Tod im Fokus, sondern der Verlust meiner Sehkraft. „Wie trauert man um seine Augen?", fragte ich mich. Das konnten mir die Psychologen nicht sagen und auch mein blinder Freund Klaus-Dieter nicht. Er nähme es einfach so hin, sagte er mir, als ich mit ihm telefonierte, und so hatte ich es ja bisher auch gemacht. „Es ist halt so, daran stirbt man nicht. Mach das Beste draus!", war bisher meine Einstellung gewesen. Doch nun fühlte ich mich ganz elend, ich igelte mich in meinem Zimmer ein und ging nicht mit den anderen Frauen wandern, weil ich ja sowieso nur ein Hindernis für sie gewesen wäre.

Endlich begann ich, um meine Augen zu trauern. Noch einmal stellte ich mich dem Schmerz. Und auch der Wut auf Tom: Wenn seine Krankheit nicht gewesen wäre und diese schreckliche Zeit auf der Intensivstation, dann könnte ich noch normal sehen. Auch wenn Tom letztendlich gar nichts dafür konnte, gab ein Teil von mir ihm doch auch Schuld an meinem Leiden. Dieses ganze Gefühlschaos zuzulassen und mich endlich auch einmal mit meiner Behinderung wichtig nehmen zu dürfen, tat mir sehr gut.

Man hatte mich ja nie gefragt: „Wie geht es eigentlich dir mit deinen Augen?" Es ging immer nur um Tom: „Tom, wie geht's dir? Was macht der Krebs, was machen die Schmerzen?" Weil man mir mein Handicap nicht ansah und kaum anmerkte, und weil ich nicht darüber jammerte, lief ich immer nur so nebenher. In der Reha hatte ich nun die Chance, in einem geschützten Rahmen das Bedürfnis, in meiner Schwachheit wahrgenommen und nach meinem Befinden gefragt zu werden, zuzulassen.

Ein Highlight am Ende dieser Reha half mir, mich von meinem Schmerz zu lösen und aus meinem Tief wieder herauszukommen. Zusammen mit den anderen Frauen machte ich eine Wanderung durch die Breitachklamm. Eine Frau hatte ein Band an ihren Rucksack gebunden, an dem ich mich halten und orientieren konnte, so stapfte ich ihr einfach hinterher und hatte dabei ein ganz neues Gefühl: Ich mute mich zu und ich werde mitgenommen. So wurde diese Wanderung für mich zu einem enormen Erfolgserlebnis.

Toms Krankheit und die Trauer um ihn waren in dieser Reha natürlich auch immer mal ein Thema. Mit meinen Erfahrungen und meiner Stärke konnte ich ein bisschen Stütze für die trauernden Frauen sein. In den Gruppengesprächen erzählte ich, dass es für mich einzig und allein der Glaube war, der mir die ganze Zeit hindurch Halt schenke und mich auch weiterhin stütze, weil ich nicht nur die Hoffnung, sondern die Gewissheit habe, dass ich Tom wiedersehen werde. Er hatte mir versprochen, mich an der Himmelspforte abzuholen und mich nach seinem Tod durch kleine Zeichen wissen zu lassen, dass es ihm jetzt gut gehe. Ich besorgte auch den Film „Den Himmel gibt's echt", den einige Frauen mit mir ansahen, darunter auch eine Muslimin, die davon tief berührt war.

Der Abschiedsgottesdienst hatte das Symbol des Regenbogens zum Thema, dafür wurde in der Kapelle ein Regenbogen aus Tüchern gelegt. Am Anfang der Kur hatte jede Frau einen Abdruck ihres eigenen Fußes bekommen, auf den sie zu dem Motto „Ich gehe weiter im Leben" ihren Namen schreiben sollte. Im Gottesdienst erhielten nun alle eine Blume mit einer Karte, auf die der Name des Verstorbenen geschrieben werden sollte. Für diese Karte konnte man sich einen passenden Platz auf dem Regenbogen suchen und dort ein Licht für den Betrauerten anzünden. Wie ein Stern würde die Erinnerung an diesen Menschen nun leuchten. Die Hinterbliebenen aber gehen weiter und so suchten wir uns einen Platz für unseren Fußabdruck.

Ich schrieb zwar Toms Namen auf ein Kärtchen, aber ich nahm mir noch ein zweites dazu. Auf die Rückseite von Tom schrieb ich „linkes Auge", auf das zweite Kärtchen „rechtes Auge" und legte das dann so auf den Regenbogen. Der Reihe nach konnten wir nun sagen, um wen wir hier trauern und seinen Namen nennen. Als ich dran war und auf die Symbole vor mir schaute, kamen endlich von tief innen die lange verdrängten Emotionen hoch und ich sagte „Ich trauere um mein rechtes und mein linkes Auge." Die anderen Frauen waren zunächst etwas verwirrt, aber zusammen mit der Psychologin erklärte ich ihnen dann, dass ich für mich den Schwerpunkt zum Thema Trauer geändert hatte.

Und noch eine besondere Erinnerung habe ich an diese Reha in Wertach: Schon am Anfang wurden wir im Einzelgespräch mit der Psychologin ermutigt zu äußern, was wir uns vom Leben wünschen, was wir noch erreichen wollen. Bei dieser Gelegenheit formulierte ich zum ersten Mal meine Träume: Ich möchte Oma werden! Ich möchte ein Buch schreiben! Und ich möchte mich noch einmal verlieben! Dass ich nicht den Rest meines Lebens allein bleiben wollte, war mir schon sehr früh klar geworden.

Wie aus einer Wohnmobilreise eine Kreuzfahrt wurde

Am Tag nach Toms Tod war unter den vielen Leuten, die sich von ihm verabschiedeten und seinen Sarg so schön gestalteten, meine liebe Freundin Bärbel. Sie nahm mich in den Arm und sagte: „Heike, nächstes Jahr in meinem Urlaub im Juni fahre ich mit dir im Wohnmobil, wohin du willst." Das tat mir so gut, denn dadurch hatte ich ein Ziel, etwas auf das ich mich freuen konnte. Das Leben würde weiter gehen!

Für diese Reise musste das Wohnmobil, das seit zwei Jahren nicht mehr gefahren worden war, dringend überholt werden. Am 14. Mai gedachte ich Toms Geburtstag und ließ unser Wohnmobil in die Werkstatt schleppen. Dort wurde es wieder fahrbereit gemacht und durch den TÜV gebracht. Meine Schwester holte es schließlich ab und stellte es mir vor die Türe. Ich inspizierte das Wohnmobil dann von innen und sah, dass es nach der langen Zeit ziemlich verdreckt war.

Als ich den Schuhschrank öffnete, fand ich darin noch ein altes Paar Schuhe, Toms Lieblingswanderschuhe, und im Kühlschrank lag eine noch verschweißte Morphiumkassette. Da kamen plötzlich all die Erinnerungen, die ich mit dem Wohnmobil verband wieder hoch und zogen mir den Boden unter den Füßen weg. Es war mir völlig unmöglich, jetzt hier zu putzen und zu räumen. Doch ich sagte mir: „Heike, gebrauche deinen Verstand! Deine liebe Freundin will mit dir in Urlaub fahren, sie opfert ihren Jahresurlaub für diese Reise mit dir!"

Wir hatten ausgemacht, zuerst zu Philipp nach Dresden und dann weiter zur Ostsee auf die Insel Rügen zu fahren, darauf hatte ich mich doch gefreut. Also ging ich am nächsten Tag, es war Pfingstsamstag, erstmal auf den Memminger Wohnmobilstellplatz und versuchte, ein Gefühl und eine Freude für die geplante Reise aufkommen zu lassen. Stattdessen wurde ich wieder von so vielen Erinnerungen und Emotionen überflutet, dass ich mit meinen 52 Jahren schließlich wie ein kleines Kind heulend auf diesem Wohnmobilplatz stand. Ein Mann sprach mich an, ob er mir irgendwie helfen könne, doch ich fragte nur schluchzend: „Wissen Sie irgendjemanden, der ein Wohnmobil kaufen will?" Völlig aufgelöst rief ich meine Freundin Bärbel an und sagte: „Es tut mir so leid, aber ich kann in diesem Wohnmobil nicht mehr verreisen." Da fiel Bärbel ein Stein vom Herzen, denn je näher der Tag unserer Reise kam, umso mehr fürchtete sie sich vor der Verantwortung so eine Riesenkiste zu fahren, mit mir nebendran, die nichts sieht und keine Straßenschilder lesen kann. Wir entschieden uns dann, etwas ganz anderes zu machen und verabredeten uns für Dienstag nach Pfingsten in einem Reisebüro.

Da wir gar keine Ahnung hatten, wo wir eigentlich hinwollten, wirkte die Reiseverkehrskauffrau ein bisschen genervt. Schließlich fragte Bärbel: „Heike, was wolltest du denn schon immer mal machen?" „Eine Kreuzfahrt!", antwortete ich spontan. Es war schon lange mein Wunsch gewesen, sollte Tom es noch erleben können, mit ihm anlässlich unserer kirchlichen Silberhochzeit eine Kreuzfahrt zur Mittsommernacht nach Norwegen zu machen. Die Mitarbeiterin sagte daraufhin bemüht freundlich: „Wisst ihr eigentlich, dass da Hochsaison ist? In zwei Wochen ist Mitte Juni, da geht gar nichts mehr." Trotzdem schaute sie im Computer nach, aber tatsächlich waren alle großen Reedereien ausgebucht.

Plötzlich stockte sie: „Wann ist noch einmal ihr Urlaub?" „Vom 9.–21. Juni." Sie konnte es kaum glauben: Gerade war eine Stornierung von Costa Reisen reingekommen, „Zauber der norwegischen Fjorde" von 9.–18. Juni in einer Doppelkabine zum Sonderpreis von 1.199 Euro all inclusive. Überglücklich fielen Bärbel und ich uns um den Hals und buchten diese Reise.

Gute zwei Wochen später fuhren wir also mit der Bahn Richtung Bremerhaven, um am nächsten Tag unser Schiff zu besteigen. Schon im Zug durfte Bärbel das erste Mal erleben, was es heißt, mit einer schwer sehbehinderten und schusseligen Freundin unterwegs zu sein: Erst konnte ich meinen Rucksack nicht mehr finden, der irgendwo im Zug stand, und bei einem Cappuccino im Speisewagen kurz vor Frankfurt fiel mir auf einmal ein, dass man auf so einem Schiff wahrscheinlich seinen Ausweis braucht! Doch der lag zu Hause in der Schublade. Mir wurde schwindlig und heiß und kalt gleichzeitig, ich sah das Schiff schon ohne uns fahren.

Es ist zwar peinlich, aber es war wirklich so: In den 32 Jahren mit Tom war bei Urlaubsreisen immer er es, der sich um alle nötigen Reiseunterlagen und Pässe kümmerte, während ich für die Klamotten und Badesachen zuständig war. An meinen Ausweis hatte ich wirklich nicht gedacht. Kreidebleich verließen wir den Speisewagen und torkelten auf unsere Plätze zurück. Auf dem kleinen Tisch vor uns lag ein Prospekt von der Bahn: „Reisen Sie sicher, nehmen Sie Jesus mit ins Gepäck. Haben Sie Vertrauen!" „Ein toller Tipp!", dachte ich, leicht genervt, aber doch ermutigt.

Das junge Ehepaar neben uns, das auf dem Weg in die Flitterwochen war, hatte unsere Krise mitbekommen und recherchierte nun im Internet. Sie fanden heraus, dass man bei der Hafenpolizei ein Ersatzdokument beantragen kann. Vom ICE aus riefen wir dort an und der nette, freundliche Herr sagte, wir sollten uns am nächsten Morgen vor dem Einchecken dort melden, dann würde mir bei Vorlage meines Behindertenausweises, den ich ja immer dabeihabe, ein Ersatzausweis ausgestellt werden. Erleichtert kamen wir schließlich in unserer Unterkunft an.

Als wir am Morgen mit einem Taxi zum Hafen fuhren, sahen wir dort eine lange Schlange von Passagieren, die auf dem Schiff einchecken wollten. Doch durch die besonderen Umstände konnten wir ganz entspannt daran vorbeigehen, unser Ziel war die Hafenpolizei. Wir wurden in den 1. Stock geführt. Von dort hatten wir einen wunderbaren Ausblick über die gesamte Hafenanlage. Der Polizeichef höchst persönlich stellte das Dokument aus, schüttelte uns die Hand und wünschte eine gute Reise. Weil wir uns nicht in der Schlange anstellen mussten, waren wir unter den ersten Passagieren, die das Schiff betreten konnten.

Was für ein Luxusschiff! Mit allem Pipapo, das man sich nur vorstellen kann: Zig Musikbars und Restaurants und Sauna und Fitnessanlage und Whirlpools. Wahnsinn! Als wir dann unsere Zimmernummer bekamen, musste ich heftig schlucken: Die Nummer unserer Doppelkabine war das Datum unserer Hochzeit! Also war Tom auf dieser Reise doch irgendwie dabei!

Bärbel und ich hatten so viel Spaß. Wir staunten über die unglaubliche Schönheit der Natur Norwegens mit den Fjorden und den Wasserfällen. Zwei Mal sahen wir einen gigantischen Regenbogen, einmal über dem Fjord und einmal als wir ganz allein oben im Pool saßen. Während dieser Reise kam Gott mir so nahe, in Träumen, in Begegnungen mit Menschen, im Lachen, in der Natur.

Unsere Kreuzfahrt endete am 18. Juni, unserem Hochzeitstag. Da wurde mir wieder mal bewusst, auf was für eine Weise Gott Heilung schenkt. Auch wenn es mit Tom keine Kreuzfahrt zu unserer Silberhochzeit gegeben hatte, erlebte ich mit meiner Freundin ein Jahr später genau das, was ich mir mit Tom erträumt hatte. Danke Bärbel für diese wunderbare Reise mit dir!

Als ich wieder zu Hause war, wollte ich das Wohnmobil eigentlich verkaufen, brachte es aber noch nicht übers Herz. Zunächst vermietete ich es für die restliche Saison. Dabei machte ich aber keine guten Erfahrungen, so dass ich mich dann doch endgültig von meinem Wohnmobil verabschieden konnte und es bei einem Händler zum Verkauf unterstellte.

Eine besondere Begegnung und eine letzte Umarmung

Anfang Juli 2018 verbrachte ich eine Woche in einem auf blinde und sehbehinderte Gäste spezialisierten Hotel, dem Aura Hotel

in Saulgrub. In einer Freizeit des Blinden- und Sehbehindertenbundes Memmingen-Unterallgäu wollte ich Klarheit darüber gewinnen, ob ich mit diesem Verein zusammenarbeiten möchte, um
Betroffene seelsorgerisch zu begleiten.

Da ich schon bald ein deutliches Nein zu dieser Idee verspürte,
genoss ich die folgenden Tage in Urlaubsstimmung: Mit anderen
sehr netten Pensionsgästen verbrachte ich lustige Abende und besuchte auch einmal das Bauerntheater. Dort hatte ich so viel Spaß,
wie schon lange nicht mehr. Mein Begleiter kam aus Norddeutsch-
land und war vollkommen blind. Also lugte ich durch mein Fernglas, erklärte ihm Bühnenbild und Handlung, und da das Theater-
stück im oberbayerischen Dialekt aufgeführt wurde, war ich auch
seine „Dolmetscherin". Als ich versuchte, ihm den Begriff „Holz
vor der Hüttn" zu erklären, konnte er zum Glück nicht sehen, dass
ich hochrot angelaufen war.

Damit der Morgen der Abreise nicht so stressig würde, checkte ich
bereits am Freitagabend aus. Als ich zur Rezeption ging, um meine Rechnung zu bezahlen, bemerkte ich vor mir einen Herrn, der
gerade dabei war, einzuchecken. Seine Statur und seine ganze Art
erinnerten mich an Tom. Die Ähnlichkeit war verblüffend. Neugierig geworden und etwas aufgeregt tat ich so, als würde ich die
Auslagen eines kleinen Kiosks neben der Rezeption betrachten. Ich
wollte doch zu gerne noch etwas mehr über diesen Mann erfahren.
Dieses Hotel wird nicht ausschließlich von Menschen mit Sehbehinderung gebucht und wie ich jetzt hörte, wollte dieser Mann
eigentlich mit seiner Frau anreisen, die aber kurzfristig verhindert
war.

Als er der Rezeptionistin seinen Namen und sein Geburtsdatum
nannte, traf es mich wie ein Blitz: 14. Mai 1966, das Geburtsda-

tum von Tom! Den ganzen Abend über war ich nervös und fühlte mich wie ferngesteuert. In der Nacht konnte ich kaum schlafen, weil ich mich immerzu fragte, was diese Begegnung zu bedeuten hätte. Dass Gott mir diesen Menschen nicht als neuen Partner über den Weg schickte, war natürlich klar, da er ja verheiratet war.

Sehr schnell war mir auch klar, dass ich diesen Mann unbedingt ansprechen wollte, sonst hätte ich das Gefühl, etwas Wichtiges versäumt zu haben. Aber wie sollte ich das anstellen? Würde ich ihn überhaupt wiedererkennen unter den vielen Gästen? Weil ich Gesichter nur auf ungefähr einen halben Meter Entfernung sehen kann, ist es für mich sehr schwierig einen Menschen zu erkennen.

Am nächsten Morgen wollte es der Zufall, aber ich glaube ja nicht an Zufälle, für mich war es vielmehr eine von Gott geschenkte Begegnung, dass ich gleichzeitig mit diesem Mann am Frühstücksbüffet stand. Es gab keinen Zweifel: an seiner Tom so ähnlichen Gangart und Statur erkannte ich ihn sofort. Er schaute sich etwas suchend um: „Wo ist denn hier die Butter?" Ich zeigte sie ihm und achtete darauf, wo er Platz nahm. Dann wählte ich mein Frühstück aus und setzte mich zu meinen vier Tischgenossinnen. Durch die verblüffende Ähnlichkeit des Mannes mit Tom einigermaßen erschüttert, sehnte ich mich in diesem Moment so sehr nach Tom, dass ich weinen musste. Wie oft hatte ich mich von ihm verabschiedet, weil man glaubte, er könnte jeden Moment sterben. Doch als es dann wirklich soweit war, war der Tod ganz unerwartet gekommen. Trotz aller Erleichterung und Dankbarkeit, dass Tom ein wochenlanges Dahinsiechen, wie das bei Krebspatienten oftmals ist, erspart blieb, spürte ich seit einiger Zeit, dass ich etwas vermisste, weil ich mich nicht so von ihm verabschieden konnte, wie ich mir das gewünscht hatte. „Lieber Gott, was soll ich tun?", betete ich unter Tränen. „Geh hin und sprich diesen Mann an!", hörte ich als Antwort. Da nahm ich meinen ganzen Mut zusammen, stand auf und ging zu ihm hinüber. Er saß ganz allein an einem Tisch. „Darf ich Sie kurz stören?", brachte ich zitternd heraus. Ich stellte mich direkt vor ihn hin und es war tatsächlich so, als würde ich vor Tom stehen. Mein Verstand setzte aus. Unter Tränen stammelte ich: „Dürfte ich Sie mal umarmen?" Er antwortete „Äh, ja." Schluchzend klammerte ich mich an seine Schultern und er legte vorsichtig den Arm um mich.

Es fühlte sich gleichzeitig irreal und doch echt an, wie wir so dastanden, so warm und gut, als würde ich den lebendigen Tom noch einmal umarmen und er mich. Endlich konnte ich mich von Tom verabschieden, das hatte mir so gefehlt. Allmählich wurde der Schmerz leichter, ich hörte auf zu schluchzen, nun war es gut. Ich konnte Tom loslassen und mir war so, als würde auch er mich loslassen und in mein eigenes Leben schicken.

Als ich mich wieder beruhigt hatte, war das Hemd des Mannes von meinen Tränen völlig durchnässt. Wir lösten uns aus der Umarmung und er fragte mich, was denn los sei. „Ich weiß, ich schulde Ihnen jetzt eine Erklärung", sagte ich und erzählte ihm, dass er mich schon am Abend zuvor so sehr an meinen Mann erinnert hatte, der vor einigen Monaten verstorben sei. „Als er starb, konnte ich mich nicht richtig von ihm verabschieden. Ich musste das jetzt einfach tun. Danke für diese Umarmung!" Der Mann reagierte verständnisvoll und fand das sehr mutig von mir. Ich wünschte ihm noch einen schönen Tag und ging zurück an meinen Tisch.

Unmittelbar vor meiner Abreise bekam ich von einer Angestellten zum Abschied eine Sonnenblume geschenkt. Ein Dankeschön dafür, dass ich ein paar Tage zuvor bei einer verunglückten Dame Erste Hilfe geleistet hatte. Die zweieinhalbstündige Busfahrt würde diese schöne Blume kaum überleben, da kam mir eine Idee: Ich erkundigte mich nach der Zimmernummer des Mannes, dessen Hemd ich mit meinen Tränen ruiniert hatte und stellte ihm die Sonnenblume vor die Türe. Dazu legte ich einen Zettel, auf den ich geschrieben hatte: „Manche Dinge im Leben kann man nicht mit Geld bezahlen, sondern nur mit einem Lächeln und einem herzlichen Dankeschön. Danke für Ihre Umarmung, sie war die wichtigste in meinem Leben. Ich wünsche Ihnen alles Glück und allen Segen der Welt!"

In meiner Handtasche fand ich noch einen Prospekt des Balkonprojekts. Seit Monaten schwirrte der darin herum und schaute schon total alt und zerfleddert aus. Ohne mir weitere Gedanken zu machen, legte ich den Prospekt zu der Blume und dem Zettel. Zehn Minuten später saß ich im Bus und dachte mir: „Warum hast du auch noch diesen Balkonprospekt dazugelegt? Das schaut ja aus, als wolltest du den Mann um eine Spende anbetteln!"

Während ich so im Bus saß und mich darüber ärgerte, dass ich mir das nicht besser überlegt hatte, machte mein Handy „Pling!" Ich bekam eine Nachricht mit ein paar Fotos. „Es geht los!", las ich und war zunächst ganz verwirrt. „Liebe Heike," schrieb die Stationsschwester der Palliativstation, „es geht los! Heute am Samstag fangen Sie an, das Gerüst für den Balkon aufzubauen. Ich bin Tom und dir so dankbar, dass ihr dieses Projekt geboren habt, und dass es jetzt tatsächlich verwirklicht wird!"

Ich betrachtete die Fotos und staunte über das unglaubliche Zusammentreffen des Baubeginns mit meinem heutigen Erlebnis. Dass ich diesen alten Prospekt gerade in dem Moment fand, als ich mich bei dem Mann für die heilsame Umarmung bedanken wollte, gab dieser besonderen Begegnung zweierlei Bedeutung: Ich konnte mich noch einmal von Tom verabschieden, das war so wichtig für mich, um nun in mein neues Leben zu starten. Und es war wie eine Nachricht von Tom: „Ich bin dabei!"

Auf der Busfahrt nach Hause weinte ich noch eine ganze Weile, aber der Schmerz und die Trauer waren nicht mehr so schlimm, weil ich die innere Gewissheit hatte: Tom verfolgt das irgendwo. Er freut sich, dass es nun endlich losgeht mit dem Bau des Balkons.

In den Wellen der Erinnerung

Nach meinem Casting-Abenteuer in München hatte ich ja bereits die Gelegenheit gehabt noch einmal all die Orte besuchen, die eine besondere Bedeutung für Tom und mich hatten. Nun war die besondere Begegnung mit dem Mann, der mich so an Tom erinnerte, und die mir das Gefühl gab, Tom noch einmal umarmt und mich von ihm verabschiedet zu haben, der Beginn einer Phase des bewussten Trauerns.

Im Verlauf des Jahres 2018 wurde ich immer wieder auch völlig unerwartet mit Situationen konfrontiert, die mich in der ein oder anderen Weise schmerzhaft an die Zeit mit Tom erinnerten, und mein Bemühen, mich nicht unterkriegen zu lassen, erschütterten. Zu dieser Zeit hatte ich ziemlich viel Ärger wegen meiner Witwenrente. Gott sei Dank konnte ich jedoch einen Bekannten meiner Schwester um Hilfe bitten, der bei der Rentenversicherung arbeitet. Da er meine Handynummer hatte, verfolgte er einige Zeit in meinem Status, was ich so mache. Als er eines Tages auf einen Status reagierte, war ich ganz perplex. Bald darauf staunte ich, wie feinfühlig dieser Andi war und wie gut es mir tat, mit ihm zu telefonieren. Mit der Zeit wurde er mir zu einem verständnisvollen Begleiter, der sich auch durch tränenreiche Telefonate nicht aus der Ruhe bringen ließ.

***

Einmal besuchte ich einen Bekannten, der sich gerade zur Chemotherapie in der Praxis von Dr. Mayer befand. Ich dachte an Tom und wie viele Male wir hier gewesen waren! Mit Hoffnungen, mit Enttäuschungen – aber wie gut waren wir hier betreut worden! Wie sehr hat Tom Martin Mayer vertraut! Er war bei ihm in besten Händen. Zum Abschied machte ich meinem Bekannten ein Kreuzzeichen auf die Stirn und segnete ihn.

Dann musste ich den Raum ganz schnell verlassen, weil mir bewusst wurde, dass ich das ja immer bei Tom gemacht hatte, wenn ich ihn bei den Chemos begleitete und aus der Praxis ging, um ihm etwas zu Essen zu holen.

***

Im August diesen Jahres wurde ich dann durch eine beängstigende Diagnose mit meiner eigenen Sterblichkeit konfrontiert: Verdacht auf Brustkrebs! Mit Tom konnte ich meine Sorgen und Ängste ja nun leider nicht mehr teilen und meine Eltern, meine Kinder oder meine Geschwister wollte ich nicht unnötig belasten, bevor ich genaueres wissen würde. Nur meinem Freund Andi in München vertraute ich mich in meiner Verzweiflung an. Und auch an Gott wandte ich mich in meiner Not: „Gott, Du weißt, mein größter Wunsch ist es, einmal Oma zu werden und ich möchte mich so gerne noch einmal verlieben. Ich will keinen Krebs..., keine OP..., keine Chemo..., keine Bestrahlung! Ich will einfach nur leben!"

Um mich ein bisschen abzulenken, machte ich einen Stadtbummel und entdeckte in einem Laden eine winzige Lederhose und ein kleines Dirndl. „Die könnte ich doch für meine Enkelkinder kaufen!", fiel mir ein. Eine verrückte Idee, weil ich ja gar nicht wusste, ob dieser Traum jemals in Erfüllung gehen würde. Ich erzählte Andi am Telefon davon und verabredete mit ihm, dass ich, wenn alles gut ausginge und der Knoten gutartig wäre, mir selbst ein Dirndl kaufen würde. Ja, mein allererstes Dirndl wollte ich mit Andi zusammen in München kaufen!

Und diesmal durfte ich das Wunder erleben, der Knoten entpuppte sich als eine gutartige Zyste und Anfang September fuhr ich nach München, um mir ein Dirndl zu kaufen, wobei mir Andi ein guter und geduldiger Berater war.

Mit diesem wunderschönen Dirndl ging ich dann gleich sonntags in den Gottesdienst zum Erntedankfest. Mir war bewusst geworden, wieviel mir das Danken bedeutet: Nicht nur dafür, dass ich in Deutschland lebe und genügend zu Essen habe.

Es war so viel geschehen im vergangenen Jahr und trotz der Trauer und der vielen Herausforderungen hatte ich so viel Grund, an diesem Tag dankbar zu sein. All das legte ich im Geiste auf den Erntedankaltar.

***

Anfang Oktober erlebte ich zum ersten Mal, wie der Jahrmarkt in Memmingen aufgebaut wurde. In all den Jahren zuvor hatte ich den Jahrmarkt erst besucht, als schon alles fertig war. Nun sah ich, wie die Gondeln am Riesenrad aufgehängt wurden, freute mich über den Duft der süßen Leckereien, die schon vorbereitet wurden, und als ich auf dem Platz vor der Bismarckschule vor dem uralten Karussell stand, erinnerte ich mich daran, wie unsere Kinder das erste Mal darin gefahren waren.

Ich dachte auch an ein ganz besonderes Erlebnis im Jahr 1991: Beim Losziehen mit meiner Schwester zog ich den Hauptgewinn, einen riesengroßen Teddybären. Den schenkten wir dann zu Weihnachten meiner geliebten Oma, damit sie nach Opas Tod nicht so allein wäre. Oma und ich waren ein Herz und eine Seele – Omili und Heikele. Über den großen Teddybären freute sie sich wie ein kleines Kind. Oft tobten unsere Kinder mit dem kuscheligen Spielgefährten, und als meine Schwester und ich ein paar Jahre später eine Second-Hand-Boutique für Umstandsmode und Kinderartikel eröffneten, nannten wir sie „Die Bärli-Stube". Der Teddybär meiner Oma wurde unser Maskottchen und hatte seinen festen Platz über der Ladentheke.

Tom und ich besuchten den Jahrmarkt manchmal nur wegen der leckeren Räubersemmel. Im Jahr 2016 waren wir zusammen mit der Familie von Carola und Thomas, die wir von der Palliativstation kannten, auf dem Jahrmarkt. Aus Solidarität mit dem schon sehr geschwächten Freund, setzte auch Tom sich zum ersten Mal in einen Rollstuhl. So gingen wir zwei Frauen, unsere Männer im Rollstuhl schiebend, über den Jahrmarkt. Tom fand das sehr angenehm.

Die Reaktionen der vielen Menschen, die wir kannten, die von Toms Krankheit wussten, ihn aber noch nie im Rollstuhl gesehen hatten, waren aber ungewohnt. Tom sah ja immer aus wie das blühende Leben, die ganz schlimmen Tage verbrachte er daheim, davon bekam kaum jemand etwas mit.

Im Jahr darauf ging es Tom zur Jahrmarktzeit schon sehr schlecht. Weil er aber wusste, was es mir bedeutete, den Jahrmarkt zu erleben, gingen wir gleich am Eröffnungssamstag ganz zeitig hin, weil es da noch nicht so voll war. An diesem wunderschönen Herbsttag hörten wir die Blaskapelle zur Eröffnung spielen, Tom schoss eine Rose für mich und am Stand des Roten Kreuzes zogen wir einen Hauptgewinn. Wir suchten uns einen Sandwich-Toaster aus und aßen zum Abschluss unseres Jahrmarktbesuches noch eine Räubersemmel.

Diese schönen Erinnerungen an meine Jahrmarkterlebnisse machten mich etwas melancholisch, aber ich wollte auch in diesem Jahr unbedingt wieder dabei sein. Wer hätte wohl Lust mit mir hinzugehen? Nachdem ich mit einem kurzen Video in meinem Whats-App-Status niemand finden konnte, erinnerte ich mich an einen Bekannten, der auch spontan Zeit und Lust hatte. Kurz darauf trafen wir uns auf dem Jahrmarkt.

Als wir gerade zum Loseziehen am Glückshafen waren, sah ich eine Frau im Rollstuhl vor einem Losverkäufer sitzen. Wie er sich so zu ihr hinunter beugte und sie die Lose zog, war es bei mir plötzlich aus. Als würde ein Film zurückgespult, sah ich Tom im Rollstuhl beim Loseziehen – ich musste hier weg. „Du musst die Lose allein ziehen", sagte ich zu meinem Bekannten und kämpfte mit meiner Fassung.

Vom Verstand her wusste ich, eigentlich sollte ich jetzt diese Situation noch einmal anschauen, noch einmal betrauern. Aber diesen Gedanken verscheuchte ich schnell, diese Erschütterung wollte ich nicht zulassen. Während ich mit den Tränen kämpfend abseits stand, zog mein Bekannter fünf Lose. Dass darunter auch der Hauptgewinn war, hatte ich zunächst gar nicht mitbekommen. Doch dann sah ich den großen Bären in seinem Arm. „Das kann ja wohl nicht wahr sein!", dachte ich und konnte meine Tränen nicht mehr zurückhalten.

Eine Losverkäuferin betrachtete mich kopfschüttelnd, aber mir war alles egal. Bestimmt zehn Minuten weinte ich den ganzen Schmerz meines Verlustes aus mir heraus. Dann war es gut! Die Losverkäuferin bot an, ein Foto von uns mit dem Bären zu machen, anschließend lief ich stolz diesen Teddy tragend über den Jahrmarkt. Alle möglichen Leute sprachen mich an, bekannte und unbekannte: „Ja, grüaß di Heike! Ja servus, ja was hasch du da?" Oder: „Mei, ist der nett, da werden sich die Enkel freuen!" Die komischsten Sachen hörte ich – was so ein Bär alles ausmacht!

War das nicht der Wahnsinn? Immer wenn mir ein Mensch sagt, dies und das war Zufall, sage ich: „Ich glaube nicht an Zufälle!" Es war Gottes Plan, dass die Frau im Rollstuhl gerade in diesem Moment Lose zog. Und weil das noch nicht genug war, lässt Gott meinen Bekannten auch noch den Haupttreffer ziehen. Durch dieses Erlebnis konnte ich nun den letzten Jahrmarktsbesuch mit Tom als eine gute Erinnerung in meinem Herzen abspeichern.

***

In diesem Herbst 2018 standen auch die alle sechs Jahre stattfindenden Wahlen zum Kirchenvorstand wieder an. Bei der letzten Wahl war Tom gefragt worden, ob er sich aufstellen lassen wollte. Er hätte das so gerne gemacht, aber damals waren schon die ersten Metastasen wieder da und ihm war klar, dass er sich für so ein Amt nicht verpflichten konnte, weil er gar nicht wusste, wie es gesundheitlich mit ihm weitergehen würde. Als dann im Frühjahr 2018 Kandidaten für die KV-Wahl gesucht wurden, fühlte ich mich angesprochen. Lange dachte ich darüber nach und besprach mich auch mit Freunden.

Schließlich entschloss ich mich dazu, mich aufstellen zu lassen. Bei den Interviews, die in den verschiedenen Gruppen geführt wurden, sagte ich immer, dass ich der Gemeinde mit meiner Zeit und meinem Dienst etwas zurückgeben möchte, weil sie in diesen schwierigen Jahren so viel für mich getan hatte. Mein Verstand sagte mir zwar, dass das überhaupt nicht mein Ding wäre, mich mit den Themen und Entscheidungen zu beschäftigen, die zu den Aufgaben eines Kirchenvorstandes gehören, aber irgendwie hatte ich das Gefühl, dass Gott mich da haben will. Ich vertraute darauf, dass ER das schon richtig machen würde. Wenn ich gewählt würde, dann sollte das so sein.

Wenige Tage vor der Wahl ging es mir dann total schlecht. In einem Telefongespräch mit Andi bekam ich die Erkenntnis: Ich habe mich aufstellen lassen, weil ich es für Tom tun möchte, der es selbst nicht tun konnte. Ich wollte, dass er stolz auf mich wäre. Nun wurde mir klar, dass das die völlig falsche Motivation war, um im Kirchenvorstand mitarbeiten zu wollen. Ich versuchte meine Kandidatur zurückzuziehen und bot sogar an, am Wahlsonntag im

Gottesdienst darum zu bitten, mich nicht zu wählen. Doch meine Erkenntnis war zu spät gekommen. Zum ersten Mal hatte es die Möglichkeit der Briefwahl gegeben, die ersten Rücksendungen waren bereits eingegangen und ich könnte schon Stimmen bekommen haben. Ein Rücktritt war also nicht mehr möglich, mir blieb nur, diese Situation Gott anzuvertrauen und die Wahl gegebenenfalls nicht anzunehmen.

Den ganzen Sonntag war mir schlecht vor Aufregung. Bei der Wahlparty am Abend erfuhr ich dann, dass mir drei Stimmen fehlten, um im KV dabei zu sein. Ein großer Stein fiel mir vom Herzen. Am nächsten Tag fragte mich meine Schwester, ob sie mir zur erfolgreichen Wahl gratulieren könne. Als ich ihr sagte, dass mir nur drei Stimmen gefehlt hätten, wurde sie ganz blass und gestand mir, dass sie vergessen hatte, die Briefwahlunterlagen mit den drei Stimmen ihrer Familie abzugeben. Da staunte ich einmal mehr über Gottes wundersame Wege.

***

Vor dem 1. Todestag am 21. November 2018 bekam ich in einer Wochenendfreizeit wieder ein besonderes Geschenk. „Deine Trauer wird ein Ende haben, Gott wird abwischen alle Tränen" (nach: Offenbarung 21, Vers 4) lautete die Tageslosung am Samstag. Ganz bewusst machte ich einen Schritt nach vorne und brachte meine Trauer ans Kreuz, wo ich sie gegen Fröhlichkeit und Leichtigkeit tauschte.

Seit ich mich dafür segnen ließ, hatte ich keine Angst mehr vor dem Jahrestag. Mit meiner Freundin Nelly verbrachte ich diesen Gedenktag dann in ganz besonderer Weise: Wir lachten und weinten zusammen, spielten auf dem Klavier im Schlafzimmer und sangen Lobpreislieder. In Nellys Armen geborgen, durchlebte ich die Erinnerung an die Todesstunde schließlich noch einmal ganz bewusst. Das tat gut, ich atmete tief durch. Nach einem Besuch auf dem Friedhof verbrachte ich mit Nelly einen Wellnesstag in der Sauna. Ein schöner Start ins Leben!

***

Ein paar Tage später wurde meine neue Lebensfreude noch einmal auf eine heftige Probe gestellt. Ich besuchte eine Freundin in München. Bei dieser Gelegenheit trafen wir uns auch mit Andi in seiner Mittagspause in der Kantine. Ich wollte ihm den Adventskalender geben, den ich für ihn liebevoll gebastelt hatte. Meine Erwartung, Andi könnte der neue Mann an meiner Seite sein, so wie es Tom für mich gewünscht hatte, hatte sich zwar nicht bewahrheitet – Andi war nicht in mich verliebt und auch ich spürte keine Schmetterlinge mehr im Bauch – doch als „ziemlich bester Freund" war und ist er mir sehr wichtig.

Bei unserer Begegnung in der Mittagspause setzte sich nach einer Weile ein Bekannter von Andi zu uns an den Tisch und fing gleich an, ausführlich von seinen Plänen zu erzählen. Er wollte seiner Freundin einen Heiratsantrag machen. Zu Andi sagte er: „Du kennst ja meine Geschichte: Eigentlich hätte ich im Jahr 2000 schon tot sein müssen. Dass ich lebe, ist das erste Wunder. Dass ich dann diese Frau kennengelernt habe, ist das zweite Wunder. Und jetzt sind wir bald 10 Jahre beieinander, jetzt will ich endlich Nägel mit Köpfen machen, das ist dann das dritte Wunder."

Ganz nebenbei erzählte er, wie er schon als Erstklässler mit dem Tod konfrontiert wurde und dann jeweils in der zweiten und der dritten Klasse ein Mitschüler von ihm starb. Das Leben sei ja so kurz, meinte er, wenn er einmal in den Himmel käme, wollte er fragen, was das eigentlich alles solle. Da konnte ich mir einen flapsigen Satz nicht verkneifen: „Im Himmel interessiert dich das eh nicht mehr, da ist es so schön, dass du gar nicht mehr wissen willst, warum dir das auf Erden alles passiert ist." „Ja meinst du wirklich?" „Da bin ich mir ganz sicher. Ich könnte dir jetzt eine Story erzählen…".

Innerlich spürte ich eine leichte Traurigkeit und Wut in mir aufsteigen: Da sitzt so eine sympathische Erscheinung von Mann, der offenbar dieses Wunder erleben durfte, dass Tom und ich uns so gewünscht hatten. Für tot erklärt, dann doch die Heilung und nun sogar die Chance zu heiraten! Er strahlte so ein Glück aus, dass der Groll in mir wuchs. Als er dann auch noch sagte: „Also den Thomas, den muss der da oben schon ganz besonders gernhaben", war es bei mir aus! „Du heißt Thomas?" „Ja." Da bekam ich so einen Hass auf Gott, dass ich schluchzend Richtung Toilette verschwand.

Vor dem Spiegel stehend haderte ich mit Gott: „Ich habe immer in allem das Positive gesehen, habe auch nach den schlimmsten Stunden versucht an einen Sinn in unserem Schicksal zu glauben und das ja auch so oft erfahren. Aber kannst du mir mal sagen, was der Sinn darin sein soll, dass ich schon ein Jahr lang allein bin?" In dieses Selbstmitleid steigerte ich mich derart hinein, dass ich vor lauter Weinen begann zu hyperventilieren. Ich konnte nicht mehr normal atmen. Ungefähr zwanzig Minuten saß ich so da, Gesicht, Hände und Füße kribbelten schon, aber mir war alles egal.

Schließlich kam meine Freundin, um nach mir zu sehen. Ich konnte kaum noch sprechen. Geschockt rannte sie raus, um Andi und seinen Freund zu Hilfe zu holen. Es stellte sich heraus, dass dieser Thomas Rettungssanitäter war. Zusammen mit einer in die Damentoilette kommenden Frau, die ganz „zufällig" Atemtherapeutin war, half er mir in eine Plastiktüte zu atmen und mich endlich wieder zu beruhigen.

***

In der folgenden Zeit erkannte ich durch diesen inneren Groll, dass da irgendetwas noch nicht so ganz passt zwischen mir und Gott. Wie könnte ich ihm wieder neu vertrauen, wenn ich noch gar nicht verstehe, warum das alles mit mir geschieht und was er noch mit mir vorhat?

Eines Tages fragte ich mich, ob ich Gott vergeben könnte. Diese Idee kam mir ganz schön überheblich vor. Wäre das theologisch oder seelsorgerlich überhaupt denkbar? Mir tat es jedenfalls gut, meine Anklage zuzulassen und dann zu sagen: „Ich vergebe dir, dass du mein Leben so gelenkt hast." Danach fühlte ich mich freier und echter.

Auch ein Spielfilm, den ich kurz darauf auf Bibel TV sah, half mir, mich mit Gott zu versöhnen. Er erzählte die wahre Geschichte eines jungen Mannes, der an Krebs starb, nachdem er dreimal dachte, er hätte die Krankheit besiegt. Dennoch hielt er an seinem Glauben und Vertrauen zu Gott fest. Mir wurde klar, dass ich einfach mehr Geduld brauchte, bis ich erkennen könnte, wie mein Weg weiter gehen würde. Aber mich in Geduld zu üben, fiel mir noch nie besonders leicht.

***

Vor allem gegen Ende dieses ersten Jahres ohne Tom war das Alleinsein sehr schwer für mich. Die Erinnerungen an den Winter vor einem Jahr waren sehr präsent. An Toms Beerdigung zwei Tage vor Weihnachten, an die Feiertage und Silvester. Die ganze Zeit hatte ich so unter Strom gestanden, dass die Anspannung erst ganz allmählich von mir abfiel. Nun lag das zweite Weihnachtsfest ohne Tom vor mir, das zweite Weihnachten alleine. Da tat es mir gut, mit Andi an einer Bergweihnacht teilnehmen zu können. Es war ein wunderschönes Erlebnis. Ich war froh in ihm so einen treuen Freund gefunden zu haben, inzwischen war er wie ein Bruder für mich.

In diesem Moment hatte ich meinen Frieden damit, dass ich nicht wusste, ob es einen neuen Partner für mich geben würde oder ob ich allein bleiben müsste. Ich konnte nichts beschleunigen, aber doch wieder darauf vertrauen, dass Gottes Zeitplan perfekt ist.

An Silvester holte ich unsere Hochzeitskerze noch einmal hervor, zündete sie ganz bewusst an und stellte sie in die Laterne vor der Haustüre. Am Neujahrsmorgen war sie komplett heruntergebrannt.

Toms letzter Wunsch geht in Erfüllung

Wenn ich zurückschaue, sieht es so aus, als hätte Tom es dem Balkonprojekt für die Palliativstation zu verdanken, dass er noch ein halbes Jahr leben durfte, nachdem er schon im Leberkoma gelegen hatte. Da sollte noch etwas vollendet werden. Tom hatte noch eine Aufgabe im Leben, die er von ganzem Herzen und aller noch zur Verfügung stehenden Kraft annahm. Wenn wir mit den selbst gebastelten Spendendosen von Haus zu Haus gezogen waren, saß Tom anschließend jedes Mal mit der Freude eines kleinen Kindes da und zählte das gespendete Geld.

Später hatte er die fertigen Architektenpläne noch gesehen und miterlebt, dass das Projekt nun tatsächlich verwirklicht werden würde. Am 21. November 2017 hätte Tom bei der Pressekonferenz anlässlich des Besuches der Verantwortlichen der Ruth-Maria-Kubitschek-Stiftung aus seiner persönlichen Erfahrung erzählen sollen, warum die Palliativstation einen Balkon bräuchte.

Doch es sollte anders kommen: Am Morgen dieses Tages war Tom verstorben und so war es auch mir unmöglich zu dem Termin zu gehen.

In dem ganzen Schreck und Trubel schaffte ich es wenigstens eine Sprachnachricht in mein Handy zu diktieren, die dann den Anwesenden bei der Pressekonferenz vorgespielt wurde. Das muss so ergreifend und berührend gewesen sein, dass sofort eine Spende von 25.000 Euro zugesagt wurde. Dazu kam die Summe, die schon vor Toms Tod zusammengekommen war. In kurzer Zeit gingen dann so viele Spenden ein, dass die Kosten für den Balkon mit Unterstützung eines Beitrags des Fördervereins und aus einem Topf der Palliativstation fast gedeckt waren.

Als ich im Sommer 2018 vom ersten Spatenstich für das Balkonprojekt erfuhr, war ich ganz aufgeregt. „Es geht los!", lautete die gute Nachricht und ein paar Tage später hieß es: „Das Gerüst wird höher." Nach Abschluss der Maurerarbeiten stand ein riesengroßer Kran im Garten des Klinikums, mit dem die einzelnen Bauteile hochgehievt wurden. Das musste ich mir natürlich aus der Nähe ansehen und ich war mir ganz sicher, dass auch Tom das alles von da oben mitbekommt und weiß, dass sein Traum in Erfüllung geht.

Von der leitenden Stationsschwester erfuhr ich, dass man die Palliativstation für die Zeit des Umbaus zur Hälfte geschlossen hatte und nur die Patientenzimmer, die zur Straße hinausgehen, belegt waren. Für die schwerkranken Menschen wäre die Unruhe durch die Baustelle eine zu große Belästigung gewesen. Daraufhin schickte ich ihr eine Sprachnachricht, dass ich dafür bete, es möge zügig und schnell vorangehen, dass die Arbeiter bewahrt und gesegnet blieben und dass die Patienten die Umstände einigermaßen ertragen könnten. Ich wusste, wie schlimm Lärm für einen schwer kranken Menschen sein kann, Tom hatte furchtbar darunter gelitten. Die Schwester berichtete mir dann, dass sie am Morgen einer Patientin angeboten hatte, sie wegen des Lärms in ein anderes Zimmer zu schieben. „Ach," hatte diese geantwortet, „der Lärm ist wegen des Balkons! Nein, nein, dann halte ich das aus, dann bleibe ich. Das ist doch eine tolle Sache! Dann macht mir das nichts aus!"

Am 23. November 2018, genau ein Jahr nachdem der Bestatter Toms Leichnam abgeholt hatte, lud mich der Geschäftsführer des Klinikums, zu einer ersten Besichtigung des Balkons ein. Mit ihm zusammen betrat ich zum ersten Mal den Balkon und realisierte, dass nun die ersten Patienten von hier aus den Sternenhimmel sehen könnten. Für das Personal würde es ein zusätzlicher Aufwand sein, die Patienten warm einzupacken, das Bett auf den Balkon zu schieben und später wieder hereinzuholen. Doch es könnte eine befriedigende Arbeit sein, den Sterbenden damit noch etwas Gutes zu tun.

Zur Einweihung am 4. Dezember 2018 war ich als Ehrengast eingeladen worden, doch mir grauste davor. Außer der Pressesprecherin des Klinikums und dem Geschäftsführer des Vereins der Förderer des Klinikums Memmingen, würde auch das Lokalfernsehen dabei sein. Ich wollte auf gar keinen Fall alleine dahingehen, aber meine Jungs konnten mich aus terminlichen Gründen leider nicht begleiten. Da fiel mir Carola ein: Die Frau, die ich auf der Palliativstation kennengelernt hatte, die mit mir das Schicksal teilte, viel zu früh ihren Mann verloren zu haben und mit der ich mich in der Zwischenzeit angefreundet hatte. Sie wäre bei diesem Ereignis genau die richtige Person an meiner Seite. Ich freute mich sehr darauf den Festakt zur Balkoneröffnung mit ihr zusammen zu erleben.

In der Nacht vor der Einweihung träumte ich, dass der Balkon nicht an der Palliativstation sei, sondern am Meer liege. Von dort aus könnte man weit hinaus aufs Meer laufen, das Meeresrauschen hören und einen wunderschönen Sonnenuntergang sehen. Im Traum sah ich mich, auf diesem Balkon stehend, in den Sonnenuntergang schauen.

Am Tag der Einweihung war der Himmel wolkenverhangen. Dennoch war da eine Stelle am Himmel, die aussah, als würde jemand mit Gewalt die Wolkendecke auseinanderreißen, um hindurchzuspitzeln. Meinen Söhnen schickte ich eine Aufnahme davon und schrieb dazu: „Papa reißt die Wolkendecke auf und will mit dabei sein. Er will das sehen und ist total stolz auf mich."

Viele wichtige Menschen waren zur Einweihung gekommen. Neben den Journalisten von vier verschiedenen Zeitungen und zwei Kameraleuten von TV-Allgäu, waren das der Pflegedienstdirektor und der Geschäftsführer des Klinikums, sämtliche Doktoren und Professoren, der Schatzmeister des Vereins – ganz viele Leute mit Anzug und Krawatte. Jeder hielt eine Rede und der Architekt schilderte die technischen Herausforderungen beim Bau des Balkons. Ich wurde für einen Fernsehbericht am Abend interviewt und stand während der anschließenden Pressekonferenz unter all diesen Leuten.

Mir war, als träumte ich, aber es war tatsächlich Realität: Der Balkon war fix und fertig, das Gerüst abgebaut, nur zwei Lampen fehlten noch und eine Sitzgarnitur. Nun war alles so schnell gegangen! Toms letzter Wunsch war in Erfüllung gegangen. Als sein Leben schon beinahe beendet gewesen wäre, war diese wunderbare Idee und Initiative entstanden, die für alle Menschen, die jemals auf dieser Palliativstation sein werden, ein Segen sein kann.

Nachtrag:
Kurz vor Vollendung dieses Buches verstarb die Mutter einer Freundin. Ich hatte noch die Gelegenheit, sie auf der Palliativstation zu besuchen und kam so zum ersten Mal selbst in den Nutzen „unseres" Balkons.

Dann war da noch: Naomi – eine Handvoll Glück

Im Sommer 2015 hatte Tom sich verliebt – ich war zur Reha in Masserberg, Philipp war im Sommer zum Studium der Soziologie und Psychologie nach Dresden gezogen, und Michi war den ganzen Tag beim Arbeiten auf einer Baustelle – also war Tom viel allein. In dieser Zeit hatte Nachbars Katze Junge bekommen und eines davon eroberte Toms Herz auf den ersten Blick. Das muss auf Gegenseitigkeit beruht haben, denn von da an war das kleine Kätzchen meistens bei uns. Tom war glücklich und blühte richtig auf. Leider wurde die Katze im August 2016 überfahren und zum ersten Mal seit vielen Jahren sah ich Tom weinen. Philipp ahnte Toms Schmerz und meinte, es wäre sicher eine gute Therapie für ihn, wenn wir uns eine eigene Katze anschaffen würden. Im Tierheim sprang der Funke nicht so recht über, doch kurze Zeit später hörten wir von jemandem, der junge Katzen abzugeben hätte. Wir fuhren gleich hin. Tom nahm nacheinander alle 5 Kätzchen in die Hand, sie waren gerade mal 4 Wochen alt. Bei einem der kleinen Häufchen spürte er: Die ist es! Es war eine dreifarbige Katze, die man Glückskatzen nennt.

Obwohl sie noch einige Wochen bei ihrer Mama bleiben musste, suchten wir schon einen Namen für sie aus: „Naomi" sollte sie heißen. Das ist Hebräisch und bedeutet „Glück".

Als Tom dann im September auf der Palliativstation lag, war er recht traurig. Würde man uns das Kätzchen unter diesen Umständen überhaupt anvertrauen? Schließlich hatten die Besitzer gute Plätze für die jungen Katzen gesucht. Ich nahm mir ein Herz und vertraute mich der Frau an. „Mein Mann ist todkrank, wir wissen nicht, wie lange er noch leben wird. Es soll aber doch seine Katze sein." Sie gab sie uns gerne.

Am 7. Oktober konnte Tom die Palliativstation verlassen, am 10. Oktober holten wir unsere Naomi nach Hause. Tom und sie waren von Anfang an ein Herz und eine Seele. Naomi war so feinfühlig: Wenn es Tom schlecht ging, lag sie stundenlang neben ihm und legte ihre Pfote in seine Hand. Wenn es ihm gut ging, spielten die zwei stundenlang miteinander. Tom wurde richtig kreativ. Er baute einen riesigen Kratzbaum für sie und bastelte Verstecke aus Pappkartons. Es sah so nett aus, wie sie sich an Weihnachten 2016 in unsere Krippe verkrochen hatte und dort aus dem Fenster herausschaute.

Immer wenn Tom im Krankenhaus lag, wirkte Naomi ganz traurig und während der acht Wochen Palliativstation im Frühjahr 2017, kam sie nur selten nach Hause. Weil ich ja auch so wenig daheim war, hielt sie sich dann wohl lieber bei Nachbarn auf. Doch als ich am Tag von Toms Entlassung dem Krankentransport die Türe aufmachte und Tom im Rollstuhl in den Flur gefahren wurde, saß Naomi auf der Treppe und begrüßte ihn.

Tom und Naomi – es war ein wunderschöner Sommer! Als Tom dann wegen des gebrochenen Beines oft und lange liegen musste, lag Naomi immer bei ihm im Bett und kuschelte mit ihm. Und als er gerade gestorben war, legte sie sich zuerst zwei Stunden an seine Füße, dann auf seinen Bauch, und schleckte ihm die Hände, bis er ganz kalt und starr war. Schließlich ging sie aus dem Schlafzimmer. Fast zwei Wochen lang hatte sie keinen Appetit, sie trauerte.

Weil Naomi und ich uns irgendwie fremd geblieben waren und überhaupt keine Beziehung zueinander hatten, überlegte ich, sie wegzugeben. Doch das brachte ich nicht übers Herz, ihre Anwesenheit in unserem Haus war ja eine lebendige Erinnerung an Tom.

Es dauerte einige Monate, bis wir zwei uns richtig angefreundet hatten, doch dann war es wunderschön. Wenn sie in der Früh kam und mich begrüßte, oder wenn sie merkte, dass ich traurig war und sich zu mir legte.

Am 20. Juli 2020 ging dieses Glück jäh zu Ende. In unserer Straße unterwegs zu ihrer geliebten Wiese, wo sie fast jeden Tag eine Maus fing, wurde Naomi überfahren. Wie oft war ich entsetzt gewesen und hatte mit ihr geschimpft, wenn sie wieder eine tote Maus ins Haus gebracht hatte. Dabei hätte ich ihr Geschenk annehmen und sie dafür loben sollen.

Ich weiß nicht, ob Katzen in den Himmel kommen. Es steht nichts davon in der Bibel, aber ich glaube es. Ich glaube von ganzem Herzen, dass Naomi jetzt bei Tom ist, und dass er sich freut, sie wiederzusehen.

8. Alles hat seine Zeit

Eine neue Liebe?

Nach Toms Tod hatte ich drei Wünsche: Ein Buch schreiben, Oma werden und mich neu verlieben. „Heike, bleib nicht zu lange allein! Verlieb dich wieder!", hatte Tom einen Tag vor seinem Tod zu mir gesagt. Daraufhin habe ich ihm wohl unbewusst das Versprechen gegeben, diesen allerletzten Wunsch zu erfüllen.

Das zweite Weihnachten ohne Tom war für mich sehr herausfordernd. Als dann in der Nacht zum neuen Jahr unsere Hochzeitskerze heruntergebrannt war, schien mir das ein Symbol für Abschied und Neubeginn zu sein. Ich dachte, ich wäre bereit für eine neue Liebe.

Tatsächlich verliebte ich mich schon Anfang des Jahres 2019 in einen gleichaltrigen, sehr netten Mann und eine wunderschöne Zeit begann. Ich erfüllte mir einen lang gehegten Wunsch und kaufte ein Tandem, auf dem wir viele tolle Radtouren machten. Welch ein Genuss ist es, wenn man entspannt radeln kann! Wenn man nur treten muss ohne konzentriert auf Weg und Verkehr zu achten. Tandemfahren bedeutet für mich, da ich nicht selbst lenken oder bremsen kann, 100 % Vertrauen auf meinen Piloten. Ähnlich wie ich auch Gott vertrauen muss, dass er meine Wege richtig lenkt.

Gemeinsam unternahmen wir Reisen mit dem Auto und verbrachten Urlaube mit meinem Wohnmobil, das ich beim Händler wieder abholte, weil es noch nicht verkauft worden war. Und wir teilten unseren Glauben, wir sangen und beteten miteinander, was für mich sehr wichtig war. Ich hatte Schmetterlinge im Bauch, fühlte mich wie ein Teenie und war mir sicher: Das ist der neue Mann an meiner Seite mit dem ich alt werden will!

Bald spürten wir in unserem christlichen Umfeld die Erwartung, wir sollten heiraten, damit Gottes Segen auf unserer Beziehung läge. Das entsprach durchaus auch meinem Wunsch. Obwohl ich mit einer erneuten Heirat den Anspruch auf meine Witwenrente verlieren und mich dadurch finanziell komplett abhängig machen würde, sehnte ich mich nach Verbindlichkeit und Gewissheit.

Ende des Jahres 2019 bekam ich tatsächlich einen richtigen Heiratsantrag, so romantisch, wie ich es mir eigentlich immer erträumt hatte. Tom hatte mir ja keinen Antrag gemacht, wir hatten einfach irgendwann beschlossen: Jetzt wird geheiratet!

Statt nun jedoch überglücklich zu sein, blockierte mich diese Situation innerlich total. Ich fiel regelrecht in mir zusammen und konnte von einem Tag auf den anderen nachts keine Minute mehr schlafen. Mitte Februar 2020 wies ich mich zur medikamentösen Behandlung der Schlaflosigkeit schließlich freiwillig für 14 Tage in die Psychiatrie ein.

In den folgenden zweieinhalb Jahren ging ich durch ein tiefes Tal. Natürlich trugen auch die Corona-Pandemie und die damit verbundenen Einschränkungen zu meiner schlechten Verfassung bei, dennoch konnte ich mir das Ausmaß meiner Krise lange Zeit nicht erklären. Nachdem ambulante Psychotherapien, verschiedene Antidepressiva und im Jahre 2021 ein längerer psychosomatischer Klinikaufenthalt gar keine Besserung gebracht hatten, und weil diese Belastung auch für meinen Partner eine enorme Zumutung war, beendeten wir im Juni 2022 unsere Beziehung.

Erst Monate später wurde mir durch Systemische Aufstellungsarbeit klar, dass das Versprechen, das ich Tom gegeben hatte, nämlich mich neu zu verlieben und nicht allein zu bleiben, mich unbewusst in diese Partnerschaft gedrängt hatte und keine freie und gute Basis

für eine glückliche Beziehung sein konnte.
(Buchtipp: „Was ist nur mit mir los? – Krankheitssymptome und Familienstellen", Kösel Verlag)

Nach der Trennung konnte ich mein Herz langsam wieder öffnen. Froh und dankbar in einem der dunkelsten Momente nicht aus dem Fenster oder vor einen Zug gesprungen zu sein, war ich nun bereit mich ins Leben zu stürzen. Durch das Ende der Corona-Krise war das endlich wieder möglich.

Seitdem spüre ich neue Kraft und Freude und ich habe mein tiefes Gottvertrauen wiedergewonnen. Ja, es ist sogar noch inniger!

Mir wurde auch bewusst, dass ich mein ganzes Leben nie wirklich allein war und allein zurechtkommen musste. Direkt von meinem Elternhaus aus zog ich mit Tom zusammen. Und im ersten Jahr nach seinem Tod war ich so viel unterwegs und stand mit dem Balkonprojekt so im Rampenlicht, dass ich das Alleinsein kaum erleben und lernen musste.

Heute staune ich – und meine Familie und einige Freunde – wie gut ich im Alltag allein zurechtkomme. Trotzdem bin ich froh über die Zeit mit diesem wunderbaren Mann und dankbar, dass er so viel Geduld und Liebe für mich hatte. Und ich bin dankbar für die Menschen in meinem Umfeld, die in dieser schweren Zeit weiter an mich glaubten, für mich da waren und für mich beteten.

Was für ein Tag!

Anfang Juli 2022 verspürte ich das Bedürfnis an einem Abendmahlsgottesdienst teilzunehmen. Als ich in der Frauenkirche ankam, musste ich aber feststellen, dass der Gottesdienst wegen

Erkrankung des Predigers nicht stattfinden konnte. Auf dem Heimweg kam ich zufällig bei den APIS vorbei, einer Niederlassung der Landeskirchlichen Gemeinschaft in Memmingen, die gerade ein Sommerfest feierten. Aufgrund der besonderen Umstände durch die Corona-Pandemie fanden dort die Gottesdienste bei gutem Wetter im Freien statt. Das gefiel mir so gut, dass es mich am folgenden Sonntag wieder dorthin zog.

Als ich eine Woche später wieder im Gottesdienst bei den APIS war, konnte ich mich bei der besonderen Stimmung in der wunderbaren Natur allerdings nur schwer auf die Predigt konzentrieren. Doch als die Geschichte eines Mannes erzählt wurde, der im Sterben lag und dessen Frau unbedingt wollte, dass er noch einmal das Abendmahl gereicht bekäme, erinnerte ich mich daran, dass Tom am Tag, bevor er starb, zu mir sagte: „Heike, ich würde so gerne mit dir Abendmahl feiern." Ich hatte ihn aber auf den nächsten Tag vertröstet und dann war es zu spät. Auch wenn ich vom Verstand her wusste, dass ich keine Schuld daran trug, fühlte ich mich innerlich schuldig und bedauerte sehr, dass ich ihm diesen Wunsch nicht noch erfüllt hatte. Nun konnte ich meine Tränen während des Gottesdienstes nicht mehr zurückhalten.

Ich hatte nicht gewusst, dass an diesem Sonntag bei den APIS auch ein Abendmahl angeboten wurde und ich hatte auch das Abendmahlsgeschirr auf dem Altar im Garten nicht gesehen. Als ich auf einmal die liturgische Hinführung zum Abendmahl hörte, wuchsen Trauer und Schmerz in mir. Doch dann hörte ich Gott sagen: „Heike, sei nicht traurig. Tom ist doch jetzt bei mir und wir feiern ewiges Abendmahl." Diese tröstenden Worte brachten mich auf eine Idee. Ich wollte ein zweites Mal zum Abendmahl zu gehen. Der Pastor schaute mich erstaunt an, doch ich sagte nur: „Ich erkläre Ihnen das später." Als er mir ein zweites Mal Brot und Wein reichte, erlebte ich dies in Gedanken zusammen mit Tom in unserem Schlafzimmer, in dem er auch gestorben war. Ich spürte große Dankbarkeit für diese Gelegenheit, das Versäumte nachzuholen und ein tiefer Frieden beruhigte meine aufgewühlte Seele.

Diesem wunderbaren Morgen folgten aber noch zwei Ereignisse, die mich an traumatische Erfahrungen während Toms Krankheit erinnerten. Ich hatte die Gelegenheit, in der Basilika Ottobeuren die h-Moll-Messe von Johann Sebastian Bach zu hören. Mit dieser Art Musik bin ich nicht sehr vertraut. Als ich mich gerade ganz bewusst auf dieses Konzert einlassen wollte, bemerkte ich, wie in der Bank vor mir ein älterer Herr auf die Schulter seiner Frau sackte. Während die anwesenden Sanitäter den Mann diskret auf einer Bahre nach draußen trugen, fühlte ich mich plötzlich zurückversetzt zu dem Moment, als Tom starb. Voller Panik wollte ich nur noch raus aus dieser Kirche. Weil man in so einem Konzert aber nicht einfach aufstehen und gehen kann, sagte ich mir: „Heike, wir haben jetzt den 17. Juli 2022 und nicht den 21. November 2017. Das ist nicht deine Geschichte!"

Ich versuchte mich abzulenken, indem ich das Programmheft abfotografierte, das Bild groß zoomte, um den Text lesen zu können und indem ich betete. So kam ich innerlich zur Ruhe und konnte diese wunderbare Musik genießen.

Auf einmal sah ich, wie ein Lichtstrahl durchs Fenster direkt auf das Kreuz fiel. Alles war hell erleuchtet und wie ich der Übersetzung des lateinischen Textes im Programm entnehmen konnte, sang der Chor gerade das Lied von der Auferstehung. In dem Moment war ich mir ganz sicher: Tom geht's gut und er ist auferstanden und bei Jesus!

Nach dem Konzert ging ich noch an einen nahegelegenen See zum Baden. Zu spät merkte ich, wie anstrengend dieser Tag gewesen war und dass ich mich völlig überfordert fühlte, allein wieder nach Hause zu kommen. Schließlich lernte ich eine nette Frau kennen, die mir anbot mich zu begleiten.

Wir unterhielten uns und es stellte sich heraus, dass sie seit einem Jahr auf der Palliativstation im Klinikum arbeitete. Ich war so erschöpft von diesem Tag und erlebte nun zum dritten Mal eine Erinnerung an Toms Leidensweg, das war zu viel für mich, ich musste mich auf einer Bank ausruhen. Unter Tränen erzählte ich der geduldigen Frau unsere ganze Geschichte und zeigte ihr Fotos auf dem Handy. Dann begleitete mich dieser liebe Engel so weit, bis ich mich wieder sicher fühlte, alleine nach Hause zu kommen. Seit diesem denkwürdigen Tag sind meine Traumata geheilt. Die Zeit, in der Begegnungen und Erfahrungen im Alltag, die an Toms Krankheit und Sterben erinnern mich völlig aus der Bahn werfen, war und ist vorbei. Gott sei Dank!

Ein Buch, ein Regenbogen und drei Ringe

Schon bald nach Toms Tod erkannte ich, dass der Wunsch ein Buch zu schreiben, mehr war als eine fixe Idee. So würden nicht nur unsere Enkelkinder später einmal ihren Großvater kennenlernen, durch Toms Geschichte könnte ich auch anderen Menschen vermitteln, dass wir den Tod nicht fürchten müssen und wie wunderbar wir Gott erleben können, wenn wir ihm vertrauen.

Dabei war mir natürlich klar, dass ich aufgrund meiner Sehbehinderung und mangelnder PC-Kenntnisse das Buch nicht selbst schreiben könnte. Also beschloss ich, ganz altmodisch in einer Zeitung per Annonce mit Chiffrenummer nach jemandem zu suchen, der das für mich tun würde. Zusätzlich bekam ich die Möglichkeit, in einem Radio-Interview mein Anliegen zu verbreiten. Tatsächlich meldeten sich ein paar Interessenten und ich entschied mich für einen jungen Mann, dem ich meine Geschichte erzählen wollte. Durch eine Freundin auf meinen Aushang in der Stadtbücherei aufmerksam gemacht, meldete sich dann aber noch Sabine Roß, die ich flüchtig kannte. Ich erzählte auch ihr eine Geschichte auf Probe und mir gefiel, was sie daraus machte. Würde es mir nicht einer Frau gegenüber viel leichter fallen von meinen persönlichen, noch sehr frischen und emotionalen Erfahrungen zu sprechen? Mit Gewissensbissen sagte ich dem jungen Mann ab, der allerdings ganz froh darüber war, da er bald Vater werden würde.

Ab September 2018 trafen Sabine und ich uns wöchentlich. Ich erzählte ihr dann, was sich jeweils gerade zum ersten Mal jährte: Toms Tod, das 1. Weihnachten, die Bestattung … Es war eine wertvolle Zeit der Trauerarbeit und Vergangenheitsbewältigung.

Nachdem wir schon fast ein halbes Jahr an dem Buch gearbeitet hatten, lag ich an einem eisigen Wintertag in meinem Whirlpool im Garten, über mir ein herrlich blauer Himmel. Da hatte ich auf einmal ein klares Bild vor meinem geistigen Auge: Ich sah eine Bühne, wie auch Heinz und Hildegard es einst als Bild für mich empfangen hatten. Aber diese Bühne war nicht leer. Da waren Blumen und warmes Licht und ein Klavierspieler, der Lobpreislieder sang. Würde ich irgendwann auf einer solchen Bühne aus meinem Buch vorlesen?

Am selben Abend bekam ich einen Anruf mit der Anfrage, ob ich mir vorstellen könnte im Oktober bei einer Veranstaltung für Frauen einen Vortrag zu halten. Nach einer kurzen Bedenkzeit nahm ich diese Einladung gerne an. Eine Lesung war das noch nicht, aber bei dieser Gelegenheit konnte ich zum ersten Mal öffentlich von meiner Geschichte erzählen.

Die interessierten und positiven Reaktionen der Zuhörerinnen bestärkten mich in dem Wunsch, mein Buch nicht nur für meine Familie und mich, sondern für eine größere Leserschar zu schreiben. So arbeiteten wir fleißig weiter. Die per Handy aufgenommenen Texte wurden von Sabine getippt und ausformuliert.

Nach der durch meine schwere Depression erzwungene Pause brachten wir die Geschichte dann zu Ende. Schließlich lasen wir alles gemeinsam durch, änderten, verbesserten, bis wir alles für gut befanden. Nun ist das Buch fertig, mein Wunsch ist in Erfüllung gegangen. Und vielleicht werde ich tatsächlich eines Tages auf einer Bühne aus meinem Buch vorlesen. Dazu werden dann Lieder gesungen, die von der Liebe Gottes handeln und die von Wundern und von der Ewigkeit erzählen.

Durch die lange Arbeit an meinem Buch und dem Besuch einiger Orte aus meiner Vergangenheit konnte ich viel Heilung erfahren. So wuchs in mir der Wunsch nach einem Neubeginn. Von einem Tag auf den anderen wurde mir klar: Mein Haus braucht einen neuen Anstrich! Die Renovierung der Hausfassade wäre schon zu Toms Lebzeiten längst fällig gewesen. Die verschiedenen Gelbtöne aus unserer Häuserreihe gefielen mir nicht mehr. Ich wollte eine andere Farbe und wählte Blau! Unten dunkler, oben etwas heller. Als die Farbe an der Wand war und ich mir das so betrachtete, erkannte ich erst: Das sieht ja aus wie der Himmel! Aber es fehlt noch etwas: Ein Regenbogen!

Das Gerüst war noch nicht abgebaut, also fragte ich den Maler, ob er mir einen Regenbogen auf die Fassade malen könne. Daraufhin meinte er nur, er sei Maler und kein Künstler. Ich überlegte kurz, dann fiel mir Christina Christ ein. Tatsächlich war sie spontan bereit, mir diesen Wunsch zu erfüllen und malte einen wunderschönen Regenbogen auf die Hauswand.

Überglücklich postete ich am Abend ein Foto von dem Kunstwerk. Nach kürzester Zeit erhielt ich zwei ernstgemeinte Anfragen, ob ich in meinem Haus eine Beratungspraxis für Homosexuelle, Lesben und transsexuelle Personen eröffnen würde. Daran, dass der Regenbogen auch als Symbol der Solidarität mit diesen Menschen verwendet wird, hatte ich gar nicht gedacht. Obwohl ich diesbezüglich keinerlei Vorurteile habe und sehr nette Bekannte habe, die zu diesem Spektrum gehören, fiel ich aus allen Wolken. Schnell rief ich Christina an: „Du musst sofort kommen und eine Taube dazu malen!" Es wurde eine schöne Taube mit einem Ölzweig im Schnabel und mein Regenbogen damit eindeutig zum christlichen Symbol für Hoffnung und Frieden.

Nach dieser äußeren Veränderung ließ ich unser Haus, das nun mein Haus ist, auch innen komplett umgestalten. Küche und Wohnzimmer bekamen eine neue Farbe. Nur das Schlafzimmer ist mit dem Sonnenaufgang an der Wand noch genau so, wie es zu Toms Zeiten war.

Nach einem herausfordernden Prozess bin ich in meinem neuen Leben gut angekommen. Ich bin viel unterwegs und mit Ehrenämtern und Hobbies beschäftigt. Mit großer Freude arbeite ich ehrenamtlich im Café Mittendrin, einem Begegnungscafé der City-Seelsorge Memmingen. Gerne kuschele ich mit Momo, meiner kleinen Katze, die Toms Naomi sehr ähnlich ist.

Der Wunsch nach einer neuen Liebe ist mir nicht mehr so wichtig und ob ich einmal Oma werde, liegt nicht in meiner Macht. Aber ich freue mich sehr über die Hochzeit von Michi und Lisa, die nun meine Schwiegertochter ist und den Namen Kahnert trägt.

Zu diesem Tag machte mir meine Freundin Claudia ein ganz besonderes Geschenk: Der goldene Ring, der aus drei ineinander verschränkten Teilen besteht, symbolisiert die Dreieinigkeit von Vater, Sohn und Heiligem Geist und ist ein Zeichen für meine innige Beziehung zu Gott.

Einen Ring mit einer ähnlichen Bedeutung hatte ich mir nach der Trennung von meinem neuen Partner anstelle des zurückgegebenen Verlobungsringes selbst gekauft. Er besteht aus drei Steinen in drei Farben und drei Formen.

Nun trage ich diesen Ring an der linken Hand, den anderen an der rechten, und meinen Ehering trage ich zusammen mit einem Kreuz an einer Kette um den Hals. So bin ich von Tom getrennt und doch für immer mit der großen Liebe meines Lebens verbunden.

DANKE

Am Ende meiner Geschichte wird es Zeit, vielen Menschen zu danken:

Den unzähligen Ärzten, Schwestern, Pflegern und Therapeuten für ihren unermüdlichen Dienst. Insbesondere der Station 2E – Palliativstation des Klinikums Memmingen, dem Team von Pallium zur ambulanten Versorgung von Palliativpatienten sowie dem St. Elisabeth Hospizverein mit seinen ehrenamtlichen Mitarbeitern.

Den lieben Freunden und Nachbarn, die immer wieder ein offenes Ohr für uns hatten und uns mit Ermutigungen und Gebeten unterstützten.

All den hilfreichen Menschen zur rechten Zeit am rechten Ort. Ich danke Christina Christ für die für mich so wertvollen Fotos und Videoaufnahmen, die sie an Toms Sterbebett machte und für den wunderschönen Regenbogen an meinem Haus.

Herzlichen Dank an Heinz Becker, der mir, seit ich ihn kenne, wie ein geistlicher Vater ist und der mich ermutigte, dieses Buch zu vollenden und zu veröffentlichen, als ich nicht mehr daran glaubte.

Meiner „Ghostwriterin" Sabine Roß danke ich für ihr Einfühlungsvermögen, ihre Geduld und ihre Ideen, und die vielen Stunden mit Tee und Taschentüchern. Sonja Waschke danke ich fürs Korrekturlesen und Georg Honold, der mir gerade rechtzeitig wiederbegegnete, für die Fertigstellung und den Druck des Buches.

238

Besonders herzlich danke ich meinen Eltern Martha und Ewald Kraus und meiner Schwester Petra, die mich in all den Jahren mit Taxifahrten, Kochen, Einkaufen und Kinderhüten im Alltag praktisch unterstützten.

Auf unsere Söhne Michael und Philipp bin ich sehr stolz und unendlich dankbar, dass sie ihren Weg trotz der belastenden Umstände so gut gegangen sind. Ich danke ihren treuen Freunden und meiner Schwiegertochter Lisa für ihre Unterstützung.

Mein Dank, der sich kaum in Worte fassen lässt, geht an Gott, meinen Schöpfer, an Jesus, meinen Freund und Retter und an den heiligen Geist, meinen Wegweiser und Ermutiger. Ich danke Gott für die 32 Jahre an Toms Seite. Dass aus der ersten Diagnose von wenigen Monaten fast zehn Jahre wurden und Tom die Kraft und den Überlebenswillen für diesen langen Zeitraum hatte, schenkte mir die schönste Zeit mit ihm. In den dunkelsten Momenten durften wir immer wieder die Liebe und Gewissheit spüren, dass Gott mit uns geht und wir nie tiefer fallen als in seine liebenden Hände.

Kurz vor Vollendung dieses Buches gibt mir ein sehr trauriger Anlass einen weiteren Grund zum Danken: Völlig unerwartet verstarb mein Bruder Armin im Alter von nur 59 Jahren. Ich bin sehr dankbar, dass die Organspende seiner Hornhaut jemandem dazu verhilft, wieder sehen zu können.

Zehn Jahre lang hatte ich selbst die Hoffnung wieder normal sehen zu können, wenn die seelischen Knoten, die ich als Ursache für meine Sehbehinderung vermutete, gelöst wären. Dem jüngsten technischen Fortschritt in der Humangenetik verdanke ich nun jedoch die gesicherte Diagnose Morbus-Stargardt. Mittlerweile weiß man, dass diese durch einen Gen-Defekt ausgelöste Erkrankung nicht unbedingt von Geburt an ausbricht, sondern auch im späteren Verlauf des Lebens auftreten kann.

Diese Gewissheit ist eine große Erleichterung für mich. Nun muss ich nicht mehr in der Vergangenheit kramen oder in Therapien versuchen herauszufinden, was es sein könnte, das ich offenbar nicht sehen will. Seitdem verspüre ich einen tiefen Frieden und neue Freiheit.